Kinder fordern uns heraus
Ratgeber für die Familie bei Klett-Cotta

Rita Steininger

Kinder lernen mit allen Sinnen

Wahrnehmung im Alltag
fördern

Klett-Cotta

Klett-Cotta
© J. G. Cotta'sche Buchhandlung Nachfolger GmbH, gegr. 1659,
Stuttgart 2005
Alle Rechte vorbehalten
Fotomechanische Wiedergabe nur mit Genehmigung
des Verlags
Printed in Germany
Umschlag: Finken & Bumiller, Stuttgart
unter Verwendung einer Zeichnung von Sonja Füsti
Gesetzt aus der Melior von Dörlemann Satz, Lemförde
Auf säure- und holzfreiem Werkdruckpapier gedruckt
und gebunden von Clausen & Bosse, Leck
ISBN 3-608-93755-2

Bibliographische Information Der Deutschen Bibliothek
Die Deutsche Bibliothek verzeichnet diese Publikation in der
Deutschen Nationalbibliographie; detaillierte bibliographische
Daten sind im Internet über <http://dnb.ddb.de> abrufbar.

Für meine Eltern

Inhalt

Danksagung

Für ihre wertvollen Beiträge zum Inhalt dieses Buchs danke ich:

- Magret Schwender, Diplom-Sozialpädagogin
- Gisela Wagner, Psychotherapeutin
- Grit Kurajew, Ergotherapeutin
- Petra Much, Diplom-Sozialpädagogin

Für ihr Engagement und ihre Unterstützung danke ich außerdem

- der Kindertagesstätte St. Michael in München/Berg-am-Laim, die für dieses Buch eigens einen Fototermin arrangiert hat,
- allen Kindern, die sich für die Fotoaufnahmen zur Verfügung gestellt haben,
- meinem Mann und meinen Kindern, mit denen ich viele der im Buch beschriebenen Anregungen und Spiele schon vor Jahren ausgiebig testen konnte,
- meiner Schwester Maria Strauß-Luffer, die als Erzieherin das gesamte Manuskript probegelesen hat,
- meinem Freund und ehemaligen Lehrer Gert Krumbacher, der die ersten drei Kapitel gelesen und zwei schöne Grafiken (Seite 29 und 50) angefertigt hat,
- Dr. Heinz Beyer vom Verlag Klett-Cotta, der auch dieses Buchprojekt sehr wohlwollend unterstützt und mir wichtige Hinweise gegeben hat.

Einleitung

Liebe Leser, liebe Eltern!

Situationen wie die folgenden hat wahrscheinlich jeder schon einmal erlebt – sei es als Beobachter, sei es als Betroffener:

- Eine Familie mit zwei Kindern im Restaurant: Die Tochter sitzt artig am Tisch und wartet geduldig auf das Essen. Der Sohn wetzt ununterbrochen auf seinem Stuhl hin und her, rempelt wiederholt seine Schwester an und bricht damit einen Streit vom Zaun. Als das Essen kommt, macht er sich sofort darüber her, fährt mit den Fingern im Teller herum und kleckert ordentlich daneben. Zu guter Letzt schafft er es noch, sein Trinkglas umzustoßen. Der Tisch gleicht einem Schlachtfeld. Die Leute an den Nebentischen schütteln die Köpfe und man sieht ihnen an, was sie denken: „Unmögliches Benehmen!"

- Besuch bei der Tante: Sie hat zum Geburtstag ihrer Nichte einen sündteuren Pullover im Modegeschäft gekauft. Voller Stolz präsentiert sie das Glanzstück und ermuntert das Mädchen: „Na komm, zieh ihn doch gleich mal an!" Die Kleine lässt sich überreden, doch dann brüllt sie unvermittelt los: „Den Pulli mag ich nicht, der kratzt ja fürchterlich!" Die Eltern sehen sich betreten an, die Tante ist völlig perplex.

- Was mein Mann und ich erlebten, als wir mit unserem damals zweijährigen Sohn Robert eine Flugreise antraten: Bei den Sicherheitskontrollen bekam unser Kleiner Angst. Er schrie und wehrte sich, als ihn die Kontrolleurin anfasste und ihm den Metalldetektor an den Körper halten wollte. Worauf die gereizte Dame giftig bemerkte: „Du bist aber ein ungezogenes Kind!"

Ungezogen, undankbar, unmöglich – so werden Kinder schnell eingestuft, wenn sie in gewissen Situationen nicht so reagieren, wie es sich die Erwachsenen vorstellen. Rasch heißt es dann: „Das Kind ist schlecht erzogen." Aber muss tatsächlich immer die Erziehung schuld sein?

Ich hole ein wenig weiter aus. Die Leser meines Buchs „Wie Kinder richtig sprechen lernen" haben unsere beiden Söhne Robert und Paul ja schon anhand meiner dortigen Schilderungen kennen gelernt. Eine möchte ich hier nochmals wiedergeben. Es geht um Beobachtungen, die wir bei unserem Erstgeborenen Robert in seinen ersten Lebensjahren machten. Anfangs verlief Roberts Entwicklung unauffällig. Körperlich wirkte er fit und beweglich, geistig ausgesprochen clever. Und mit seiner strahlenden Laune konnte er mühelos jeden um den Finger wickeln. Aber als Robert ins Krabbelalter kam, warteten wir vergebens darauf, dass er sich endlich auf allen vieren fortbewegte. Der kleine Kerl kam nur auf dem Bauch robbend vorwärts. Kurz vor seinem ersten Geburtstag entdeckte er zwar das Krabbeln, doch wenige Wochen später begann er schon zu laufen. Und wieder mussten wir uns wundern: Es wurde Sommer, und unser munterer Knirps ließ sich nicht dazu bewegen, barfuß übers Gras zu laufen oder mit Sand und Wasser zu matschen. Im Lauf der Zeit ließ er auch Zärtlichkeiten immer weniger zu; er wehrte sich mitunter sogar vehement dagegen, gestreichelt und in den Arm genommen zu werden. Als Robert zwei Jahre alt war, trat eine Fremdelphase auf, die uns vollends ins Grübeln brachte. Steuerte ein Fremder auf ihn zu, geriet er in Panik und konnte sich kaum mehr beruhigen. Ähnlich reagierte er auf schrille Töne; sie brachten ihn völlig aus der Fassung.

Irgendetwas schien Robert zunehmend daran zu hindern, sich zufrieden und in seiner Haut wohl zu fühlen. Mit der Zeit machte sich das an seinem Verhalten bemerkbar. Er war reizbar, leicht zu irritieren und gebärdete sich mitunter recht jähzornig. Wir hielten das für Eifersucht, weil er mit drei Jahren einen kleinen Bruder bekommen hatte, der nun als wonniges Baby überall im Mittelpunkt stand. Mein Mann bemühte sich zwar, einen Ausgleich zu schaffen, indem er sich besonders um den Großen kümmerte. Aber an der Situation änderte sich vorerst kaum etwas. Bis eines Tages die Leiterin von Roberts Kindergarten auf mich zukam und mir in einem Gespräch eröffnete: „Ich habe Robert in letzter Zeit genau beobachtet. Er ist sehr berührungsempfindlich, und mit der Körperkoordination scheint er auch Probleme zu haben. Ich glaube, er hat Wahrnehmungsstörungen." Dann drückte sie mir die Adresse einer Familientherapeutin in die Hand, die Beratung für Eltern von Kindern mit Wahrnehmungsstörungen anbot. Außerdem empfahl sie mir ein Buch, das mir eine unschätzbare Hilfe werden sollte: „Drück mich mal ganz fest" von Roswitha Defersdorf. In diesem Buch beschreibt die Autorin als betroffene Mutter den Therapieweg ihres Kindes.

Es mag seltsam klingen, aber ich fühlte mich erleichtert. Endlich konnte ich etwas tun und war nicht mehr hilflos meinen Zweifeln ausgeliefert. Die Therapeutin bestätigte nach einem Test, dass Roberts Wahrnehmung tatsächlich in einigen Bereichen irritiert sei. Aber sie beruhigte mich: Die Einschränkungen seien zum überwiegenden Teil nicht allzu schlimm. Eine Therapie sei deshalb – obzwar zu empfehlen – nicht unbedingt erforderlich. Stattdessen gab sie mir eine reichhaltige Sammlung von Übungen mit auf den Weg, die wir zuhause spielerisch in den Alltag einbauen sollten.

Diese Übungen bilden den Grundstock des vorliegenden Buchs. Hinzu kommen weitere Spiele und Übungen, die ich nach und nach zusammengetragen habe. Um das Bild abzurunden, habe ich schließlich noch fachlichen Rat eingeholt und von vier Frauen mit Fachkompetenzen wertvolle Hinweise für dieses Buch erhalten. Ich stelle sie an dieser Stelle kurz vor:

- *Magret Schwender* ist Diplom-Sozialpädagogin (FH) und arbeitet in einer Kindertagesstätte in München. Dort ist sie in einer Integrationsgruppe für die Betreuung von Kindern mit besonderem Förderbedarf zuständig. Als Mutter von drei Kindern hat sie dieses Buch mit vielen Beispielen für sinnvolle Förderung im Alltag (Kapitel 4) bereichert. Außerdem stammen von ihr etliche Hinweise, wie man Wahrnehmungsstörungen erkennt (Kapitel 2) und wie sich betroffene Kinder fühlen (Kapitel 3). Nicht zuletzt ist ihr die Idee zu verdanken, eine Geschenkliste für den Kindergeburtstag anzulegen (Kapitel 8). Über ihr berufliches Engagement sagt Magret Schwender: „Richtungweisend war für mich ein Erlebnis während meines Studiums. Wir waren eine Woche in Florenz, um die Arbeit in dortigen Integrationseinrichtungen kennen zu lernen. In einem Fachvortrag fiel dann der Satz: ‚So viel Therapie wie nötig, so wenig wie möglich.' Was der Referent damit meinte: Alles, was man in den Alltag an Förderung einbauen kann, sollte man auch tun. Dieser Satz hat meine Arbeit bis heute geprägt."

- *Gisela Wagner* hat dieses Buch mit Hinweisen zur Beobachtung der Wahrnehmungsentwicklung (Kapitel 2), einem Experiment (Kapitel 3) sowie mit praktischen Förderanleitungen (Kapitel 4, 5 und 6) bereichert. Sie ist Psychotherapeutin mit dem Schwerpunkt Familien- und Paartherapie, bietet jedoch auch Diagnostik und Therapie von Kindern mit Wahrnehmungsstörungen und Beratung für deren Eltern an. Auf diese Idee kam sie, als sie vor Jahren in einer psychotherapeutischen Praxis tätig war: „Die Ärztin, bei der ich damals arbeitete, befasste sich ausschließlich mit Kindern, die Wahrnehmungsprobleme hatten. Eines Tages regte ein Vater an, dass man nicht nur die Kinder therapieren, sondern auch die Eltern zur Förderung anleiten sollte. Diesen Gedanken griff ich auf und seither mache ich es so. Die Familien kommen aber nicht nur zu mir in die Praxis, ich gehe auch zu ihnen – wenn nötig mehrmals in regelmäßigen Abständen. Dann unternehmen wir etwas zusammen – zum Beispiel mit dem Kind kochen – und ich gebe den Eltern genaue Anleitung, wie sie mit ihrem Nachwuchs umgehen sollen. Das macht ihnen Mut, ihr Kind, so weit es geht, selbstständig zu fördern."

- *Grit Kurajew* ist Ergotherapeutin und arbeitet seit mehreren Jahren in ihrer eigenen Praxis in München. Von ihr stammen verschiedene Übungsanregungen und Tipps für eine sinnvolle Förderung im Alltag (Kapitel 4, 5 und 6). Einer ihrer Interessenschwerpunkte ist die sensorische Integrationstherapie nach Jean Ayres (Seite 174), zu der sie aktuell eine Ausbildung am Kinderzentrum München absolviert. Vor allem eines reizt sie an dieser Therapie besonders: „Man schaut, was das Kind mitbringt und greift seine Ideen auf, anstatt ihm etwas Fertiges vorzusetzen. So bekommt das Kind die Möglichkeit, aus eigenem Antrieb etwas zu tun, nicht nach

Vorgaben. Dieser Ansatz von Jean Ayres gefällt mir sehr. Ich finde, den Kindern wird ohnehin so vieles im Leben vorgegeben, dass man ihnen zumindest in der Therapie die Möglichkeit geben sollte, etwas Eigenes zu schaffen. In dieser Hinsicht möchte ich selbst noch dazulernen: Wo mische ich mich ein, wo halte ich mich besser zurück?"

- *Petra Much* ist Dozentin an einer Münchner Fachakademie für Sozialpädagogik. Von ihr stammen einige der Experimente, mit denen man sich in die Lage von Kindern mit Wahrnehmungsstörungen versetzen kann (Kapitel 3). Diese Versuche lernte sie im Rahmen einer Präsentationsstunde ihrer Studierenden kennen. Von einer Präsentation war sie besonders beeindruckt: „Die Studierende bat uns, an einem Tisch Platz zu nehmen und gemeinsam den Belag für eine Pizza vorzubereiten. Zuvor wurde jedem Teilnehmer ein Handicap verpasst: eine Brille mit starken Gläsern, Ohropax in die Ohren, zusammengebundene Finger und so weiter. Mit diesen Einschränkungen hatten wir alle gehörig Mühe, unsere Aufgabe zu bewältigen. Das glaubt man nur, wenn man es selber ausprobiert hat! Seither sehe ich die Menschen anders, die es fertig bringen müssen, mit einer Beeinträchtigung zu leben, und dabei alle Energie aufbieten, um den anderen gegenüber möglichst normal zu erscheinen."

Damit sind wir beim Ziel dieses Buchs angelangt. Es will Ihnen als Eltern ein Gespür dafür geben, wie wichtig eine intakte Wahrnehmung ist und wie gravierend sich Wahrnehmungsprobleme auf die Entwicklung eines Kindes auswirken können. Sollten Sie bei Ihrem Kind solche Probleme feststellen, kann Ihnen das helfen, sich besser in seine Lage zu versetzen. Ein gutes Einfühlungsvermögen wird Sie wiederum befähigen, die praktischen Anregungen und Spielvorschläge der folgenden Kapitel optimal umzusetzen.

Auch für Erzieherinnen im Kindergarten kann das Buch von Nutzen sein: Sie erfahren, worauf sie achten sollten, um mögliche Wahrnehmungsstörungen zu erkennen, und wie sie sich mit den Eltern darüber verständigen können.

Nicht zuletzt sollen von der reichhaltigen Spielesammlung dieses Buchs alle Kinder – ob mit oder ohne Wahrnehmungsschwierigkeiten – profitieren.

München, im Juli 2004   *Rita Steininger*

P.S.: Bei Fragen oder Hinweisen freue ich mich über Ihre Nachricht: per Post (c/o Klett-Cotta) oder E-Mail (rita.steininger@t-online.de).

1. Kapitel

Die sieben Sinne

> *„Sinneswahrnehmungen und damit verbundene Emotionen sind unser persönlichster Besitz, in den sich niemand anderes vollkommen hineinversetzen kann. "*
>
> SABINE HIRLER, Rhythmik- und Musikpädagogin und -therapeutin

Sinneswahrnehmungen haben eine große Bedeutung für unser Leben, unser Wohlbefinden und unsere gesamte Persönlichkeit. Nur sie ermöglichen es uns, zwei wesentliche Verbindungen zu knüpfen:

- die Verbindung zu unserer Umwelt – die Fähigkeit, Eindrücke von außen aufzunehmen und uns selbst nach außen hin mitzuteilen;
- die Verbindung zu uns selber – die Fähigkeit, uns zu spüren und eine Beziehung zu unserem Körper zu entwickeln.

Sinneswahrnehmungen beeinflussen daher nicht nur unseren Körper und Geist, sondern auch unser Gefühlsleben.

Von den Sinnen zur Wahrnehmung

Der Mensch verfügt – vorausgesetzt, dass alle Sinnesorgane funktionstüchtig sind – über sieben Sinne. Zum einen sind das die fünf Sinne, für die wir äußerlich sichtbare Organe haben, die die Verbindung zur Umwelt herstellen: der Sehsinn (Augen), der Gehörsinn (Ohren), der Geruchssinn (Nase), der Geschmackssinn (Zunge) und der Haut- oder Tastsinn (Haut). Zum anderen sind es die Sinne, die unsere Eigen- oder Körperwahrnehmung ausmachen und uns dazu befähigen, uns koordiniert zu bewegen: der Gleichgewichtssinn (Lage-, Dreh- und Bewegungssinn) und der Muskel- und Stellungssinn.

Was genau haben nun diese sieben Sinne mit Wahrnehmung zu tun? Die Fachliteratur verrät dazu: Unter Wahrnehmung versteht man die Aufnahme von Reizen durch die Sinnesorgane, ihre Weiterleitung zum Gehirn und ihre Verarbeitung im Gehirn. Genauer gesagt sieht das so aus: Unzählige Reize werden in jedem Augenblick von den Sinnesorganen aufgenommen und über Neuronen (Nervenzellen) ans Gehirn weitergeleitet – sei es von den Augen, den Ohren, der Haut oder den Muskeln. Das Gehirn hat die Aufgabe, sie zu verarbeiten. Es speichert und sortiert sie, vergleicht sie mit früheren Eindrücken und koordiniert sie mit anderen Reizen. Dann schickt es die verarbeiteten Informationen an die Organe zurück und übermittelt ihnen damit die nötigen Impulse für angemessene Reaktionen in Form von Bewegung, Handlung, Sprache oder emotionalen Äußerungen.

Sehen

Die Augen sind das Sinnesorgan, das die meisten Menschen für das wichtigste halten. Nicht ganz zu Unrecht, denn immerhin haben wir mehr als drei Viertel dessen, was wir von unserer Umwelt wahrnehmen, unseren Augen zu verdanken.

Schon das ungeborene Kind im Mutterleib kann zwischen hell und dunkel unterscheiden. Ein Neugeborenes sieht anfangs nur Dinge, die ganz nahe vor seinen Augen sind, und auch diese nur unscharf. Doch die Sehfähigkeit steigert sich von Woche zu Woche. Schon nach wenigen Monaten ist das Baby in der Lage zu erkennen, wo genau sich Dinge im Raum befinden. Auch die Wahrnehmung von Farben entwickelt sich relativ früh: Im Alter von einem Monat erkennt ein Säugling die Farbe Rot, mit etwa vier Monaten die Farben Grün, Gelb und Blau. Und so steigert sich die Sehfähigkeit in den nächsten Lebensjahren weiter, bis die Entwicklung mit etwa acht Jahren abgeschlossen ist. Die Augen sind dann in der Lage, bis zu 40 Millionen Informationen pro Sekunde aufnehmen. Um das zu leisten, ist die Netzhaut mit 130 Millionen Fotorezeptoren (Empfängerzellen) ausgestattet, die eintreffende Informationen sofort ans Gehirn weiterleiten.

Unser Gesichtsfeld – das ist der Sehbereich, den die Augen erfassen, ohne dass man den Kopf dreht – umfasst einen Winkel von etwa 200 Grad; das ist etwas mehr als ein Halbkreis. Das räumliche Sehen beschränkt sich allerdings auf einen Winkel von 140 Grad; das ist der Bereich, in dem sich die Gesichtsfelder des rechten und linken Auges überschneiden. Räumliches Sehen ist wichtig, um Entfernungen abzuschätzen und bei Gefahr – beispielsweise im Straßenverkehr – richtig zu reagieren.

Dennoch ist unter „Sehen" und „visueller Wahrnehmung" nicht genau dasselbe zu verstehen. Denn visuelle Wahrnehmung betrifft nicht nur den physiologischen Vorgang des Sehens, sondern auch die Verarbeitung des Gesehenen im Gehirn und die daran anknüpfenden Reaktionen und Fähigkeiten.

So ist die *Wahrnehmung der Formkonstanz* zum Beispiel die Fähigkeit, ein Objekt an seinen charakteristischen Eigenschaften zu erkennen, selbst wenn es in Farbe, Form, Größe und Material variiert oder man es aus verschiedenen Blickwinkeln betrachtet. Demnach wird man Sandalen, Stiefel oder Pantoffel immer als dasselbe erkennen: als Schuhe.

Als *visuelle Figur-Grund-Wahrnehmung* bezeichnet man die Fähigkeit, ein wichtiges Objekt oder eine Person aus einem unwichtigen Hintergrund oder einer Kulisse herauszuheben. Dadurch erkennen wir auf einem alten Klassenfoto sofort uns selber oder unsere früheren Freunde wieder.

Räumliches Orientierungsvermögen ermöglicht es uns, uns in der räumlichen Beziehung zu unserer Umgebung, zu anderen Personen oder zu Gegenständen wahrzunehmen: darüber-darunter, davor-dahinter, rechts-links.

Unter *visuo-motorischer Koordination* versteht man die Fähigkeit, das Sehen mit einer Körperbewegung zu koordinieren, also beides gleichzeitig stattfinden zu lassen: Ich gieße Wasser in einen Messbecher und überprüfe an der Skala, wann die gewünschte Menge erreicht ist.

Visuo-motorische Übertragung nennt man die Fähigkeit, aus einer Beobachtung die richtige Handlung abzuleiten. Die Mutter zeigt dem Kind, wie man den Drehverschluss einer Flasche öffnet, und das Kind macht es richtig nach.

Hören

Das Ohr ist wie das Auge ein sehr kompliziertes Sinnesorgan. Es gliedert sich in drei Hauptabschnitte: das Außenohr, das Mittelohr und das Innenohr.

Lange Zeit rätselte man darüber, ob schon das ungeborene Kind im Mutterleib etwas hört. Heute weiß man: Das Innenohr ist schon im fünften Schwangerschaftsmonat, das heißt noch vor dem Aufbau des zentralen Nervensystems, beim Embryo voll entwickelt. Es besteht aus dem Gleichgewichtsorgan (Bogengänge) und der Hörschnecke. Das Innenohr empfängt Schall, der durch Vibrationen von den Beckenknochen der Mutter auf die Schädelknochen des Kindes übertragen wird. Dies dient als Basisinformation zur weiteren Entwicklung des Gehirns und der Muttersprache. Über die Knochenleitung hört das Baby bei-

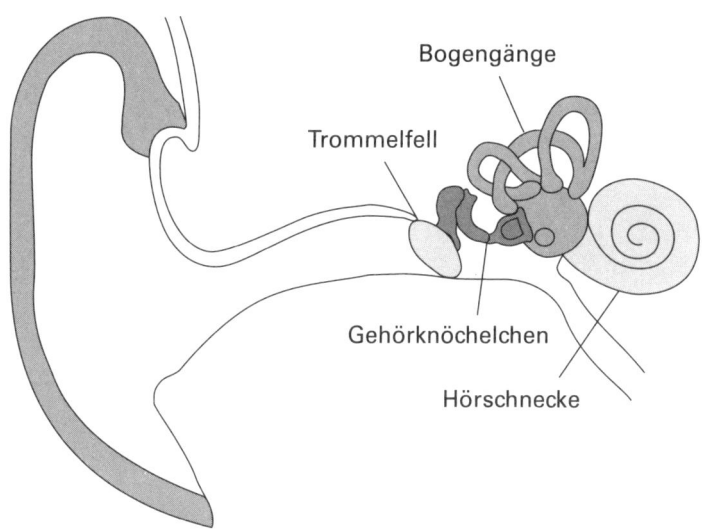

Bogengänge

Trommelfell

Gehörknöchelchen

Hörschnecke

Das Ohr beherbergt zwei Sinne: den Hörsinn und den Gleichgewichtssinn.

spielsweise die Stimme der Mutter. Wenn sie spricht, überträgt sich ihre Stimme vom Kehlkopf über die Wirbelsäule zum Becken und von dort auf den Kopf des Kindes.

Das Mittelohr besteht aus den Gehörknöchelchen Hammer, Amboss und Steigbügel. Ihre Aufgabe besteht darin, Schall weiterzuleiten, der sich in der Luft ausbreitet. Der Schall gelangt vom Außenohr (Trommelfell) übers Mittelohr zum Innenohr. Allerdings hört unser Ohr nur Geräusche, deren Frequenzen von 16 bis etwa 20000 Hertz (Schwingungen pro Sekunde) reichen. Knochen- und Luftleitung sind also die zwei Wege, über die Schall ins Ohr dringt und von dort als Nervenreiz ins Gehirn wandert.

Ebenso wie bei den Begriffen „Sehen" und „visuelle Wahrnehmung" ist unter „Hören" und „auditiver Wahrnehmung" (Hörwahrnehmung) nicht genau dasselbe zu verstehen. Auditive Wahrnehmung umfasst den gesamten Vorgang vom Eintreffen von Schall im Ohr über seine Weiterleitung durch die Hörnerven ins Gehirn bis hin zur dortigen Verarbeitung und den damit verbundenen Reaktionen und Fähigkeiten. So ermöglicht es uns eine intakte *auditive Figur-Grund-Wahrnehmung*, aus einer Geräuschkulisse (Stimmengewirr, Straßenlärm) bestimmte Töne herauszuhören, zum Beispiel die Stimme einer vertrauten Person. Dazu gehört die Fähigkeit, aufmerksam zuzuhören, ohne sich von Umgebungsgeräuschen ablenken zu lassen. Bei korrekter *Lautdiskrimination* ist man in der Lage, Laute oder Lautkombinationen voneinander zu unterscheiden, also beispielsweise den Unterschied zwischen „Tisch" und „Fisch" oder zwischen „mein Hund" und „dein Mund" zu hören. Zur intakten auditiven Wahrnehmung gehört außerdem die Fähigkeit, eine Geräuschquelle zu identifizieren (jemand spielt Flöte), sie zu orten (die Flöte ertönt im Flur) und die Richtung ihrer Fortbewegung (die Melodie wandert vom Flur ins Freie) zu bestimmen. Die Hörwahrnehmung schließt auch das richtige Erfassen eines Rhythmus ein sowie die Fähigkeit, auditive Signale richtig zu deuten (das Klimpern von Schlüsseln bedeutet: eine Tür wird aufgesperrt). Von besonderer Bedeutung ist nicht zuletzt die Fähigkeit, Gehörtes zu speichern und aktiv in Sprache umzusetzen. Diese Fähigkeit wirkt sich entscheidend auf das Lesen- und Schreibenlernen aus.

Riechen

Sobald ein Kind zur Welt kommt und zu atmen beginnt, nimmt es Gerüche wahr. Das zeigt sich, wenn die Mutter es zum ersten Mal zum Stillen anlegt: Das Neugeborene findet, von Duftsignalen geleitet, auf Anhieb die Brustwarze. Überhaupt ist der Körpergeruch der Mutter in den ersten Lebenswochen der stärkste Sinneseindruck, den das Kind über die Nase aufnimmt. Auch Kleinkinder nehmen Gerüche noch sehr intensiv wahr, können sie aber noch nicht so recht beschreiben. Oft behelfen sie sich mit Vergleichen: „Es riecht wie beim Doktor." – „Es riecht nach Wald." – „Es riecht nach Omas Haus." Mit 1,5 Millionen Riechzellen ausgestattet unterscheidet die Nase bis zu 4000 Duftnuancen. Durch die Verbindung zwischen den Riechbahnen und dem limbischen System – dem Bereich im Gehirn, in dem Gefühle entstehen – haben Gerüche zudem Einfluss auf die Stimmung und wecken Erinnerungen: Den Duft von Zimt und Gewürznelken bringen wir mit der Weihnachtszeit in Verbindung; der Geruch von Lavendel lässt uns an den Urlaub in Südfrankreich denken; der würzige Duft von Heu erinnert uns an die Ferien, die wir als Kinder auf dem Bauernhof verbracht haben.

Schmecken

Geruchs- und Geschmackssinn hängen eng zusammen. Vieles von dem, was wir schmecken, nehmen wir in Wirklichkeit mit der Nase wahr. Doch auch der Geschmackssinn hat sein eigenes Organ: die Zunge. Mit ihr unterscheidet man – was kleineren Kindern allerdings noch schwer fällt – vier Geschmacksrichtungen: süß, sauer, salzig und bitter. Zu diesem Zweck ist die Zunge mit rund 2000 Geschmacksknospen ausgestattet, die die entsprechenden Reize ans Gehirn weitergeben. Das Zusammenspiel von Geruchs- und Geschmackssinn beruht auf ihrer nachbarschaftlichen Lage im Körper. Außerdem stehen Mund und Nase durch die Rachenhöhle direkt miteinander in Verbindung. So erklärt es sich, warum uns zum Beispiel das Essen nicht mehr so richtig schmecken will, wenn wir einen Schnupfen haben. Schmecken ist allerdings, genau wie Riechen, mehr als nur ein physiologischer Vorgang. Es kann Erinnerungen und Emotionen auslösen und auf diese Weise unser Empfinden beeinflussen. Bei Babys und Kleinkindern spielen Mundgefühle darüber hinaus eine besondere Rolle: Das sieht man an der Art, wie sie Schnuller oder Daumen in den Mund stecken und zufrieden daran saugen oder weiche Speisen wie Püree, Pudding oder Grießbrei mit Hingabe vom Löffel abschlecken. Haben wir nicht selber als Kinder großes Vergnügen dabei gehabt, Teller und Schüsseln blitzblank auszuschlecken?

Fühlen

Mit einer Fläche von bis zu zwei Quadratmetern ist die Haut unser größtes Organ. Sie macht mit ihren drei Schichten (Oberhaut, Lederhaut und Unterhaut) fast ein Sechstel unseres Körpergewichts aus. Obwohl sie für den Organismus wichtige Schutzfunktionen erfüllt (wie Feuchtigkeit speichern, Temperatur regulieren), ist sie weit mehr als nur eine schützende Körperhülle. Sie ist ein fein austariertes Sinnesorgan, das mit seinen Rezeptoren (Tastpunkten) feinste Berührungen, minimale Temperaturunterschiede und kleinste Verletzungen wahrnimmt. 200 Schmerz-, 20 Druck-, 20 Kälte- und zwei Hitzepunkte liegen im Durchschnitt auf einem Quadratzentimeter Haut. Sie leiten Reize von außen sofort ins Gehirn weiter, wo sie als Wärme oder Kälte, Berührungen oder Vibrationen, Juckreiz oder Schmerz registriert werden. Allerdings sind die Tastpunkte nicht gleichmäßig über den Körper verteilt. Auf der Nase oder am Ohrläppchen beispielsweise hat ein Quadratzentimeter Haut weniger Druckpunkte als an den Fingerspitzen oder Fußsohlen. So erklärt es sich, dass die Fingerspitzen in gewissen Situationen die Augen ersetzen können – etwa beim Entziffern der Blindenschrift – und sich selbst mit den Fußsohlen Gegenstände und Oberflächen gut erkunden lassen. Lippen und Zunge sind ebenfalls sehr berührungsempfindlich. Das ist im Wesentlichen der Grund, warum Babys und Kleinkinder so gern Dinge in den Mund nehmen – und manchmal nicht vom Schnuller loskommen wollen: Er ist neben seiner Funktion als Geschmacksorgan eben auch ein wichtiges Tastorgan.

Nicht zuletzt beeinflusst der Tastsinn unsere Gefühle und Stimmungen. Streicheleinheiten vermitteln Kindern wie Erwachsenen ein Wohlgefühl, sind sie doch Ausdruck von Zärtlichkeit und liebevoller Zuwendung. Berühren und Berührtwerden spielen in der ganzheitlichen Entwicklung des Kindes eine bedeutende Rolle. Aus der Erfahrung des Umschlossenseins entwickelt sich die Erfahrung von Raum und Begrenzung. Das wiederum vermittelt Sicherheit und Geborgenheit.

Körperwahrnehmung und Bewegung

Nun zum sechsten und siebten Sinn: dem Muskel- und Stellungssinn und dem Gleichgewichtssinn, der sich aus Lage-, Dreh- und Bewegungssinn zusammensetzt. Alle zusammen bilden unsere Körper- oder Eigenwahrnehmung; man bezeichnet sie auch als kinästhetisches System. Der Muskelsinn liefert Informationen über die Grundspannung der Muskulatur (Muskeltonus) und reguliert die Kraftdosierung bei jeder Tätigkeit. Der Stellungssinn liefert Informationen über die Stellung der Gliedmaßen zueinander. Der Gleichgewichtssinn übermittelt Informationen über die Lage, die man – sei es im Sitzen, Liegen oder Gehen – in Bezug auf die Schwerkraft einnimmt. Er gibt Richtung und Geschwindigkeit von Drehungen an. Und er reguliert bei jeder Art von (Fort-)Bewegung – Krabbeln, Klettern, Laufen – automatisch das Gleichgewicht.

So vermittelt uns das kinästhetische System in Zusammenarbeit mit dem Tastsinn erstaunliche Fähigkeiten, die wir manchmal zu Unrecht als selbstverständlich erachten. Zum Beispiel, dass wir es aus jeder beliebigen Lage heraus – stehend, liegend, hängend, mit geschlossenen Augen, im Dunkeln – schaffen, mit dem Zeigefinger zielgenau unsere Nase oder das Ohrläppchen zu treffen. Oder dass uns gewisse Körperbewegungen oder Handgriffe in Fleisch und Blut übergehen. Sonst wäre es uns nicht möglich, den Krafteinsatz etwa beim Eieraufschlagen so zu dosieren, dass das Ei nicht völlig auseinander bricht. Auch vor Unfällen oder Zusammenstößen schützt uns ein intaktes kinästhetisches System: Wenn wir ins Auto steigen, neigen wir den Körper gerade so weit zur Seite, dass wir einerseits mit dem Kopf nicht ans Autodach stoßen, andererseits das Gleichgewicht nicht verlieren.

All das geschieht deshalb, weil wir im Lauf unserer Ent-

Geschicklichkeit beim Klettern erfordert eine gute Spür- und Körperwahrnehmung.

wicklung wiederkehrende Bewegungsabläufe so erlernt und eingeübt haben, dass sich unser Körper automatisch an sie erinnert. Unzählige Bewegungsabläufe sind auf diese Weise in unserem Gehirn gespeichert und werden selbsttätig ausgeführt, ohne dass wir uns eigens darauf konzentrieren müssten.

Wie sich Wahrnehmung entwickelt

Alle sieben Sinne sind schon bei der Geburt mehr oder weniger ausgebildet. Sie differenzieren sich danach jedoch weiter aus. Nicht nur das – sie müssen im Lauf der frühkindlichen Entwicklung lernen, immer besser miteinander zu kooperieren. Dieses Zusammenwirken der Sinne bezeichnet man als sensorische Integration.

Die Verknüpfung der Sinneserfahrungen

Die Tatsache, dass die Sinne nicht isoliert arbeiten, sondern zusammenwirken, bedeutet zum einen: Bei allen Sinneserfahrungen arbeiten immer mehrere Wahrnehmungsbereiche gleichzeitig. Wenn ein Baby beispielsweise die Stimme seiner Mutter hört, dreht es sofort den Kopf in ihre Richtung und sucht sie mit den Augen. Das heißt, in dieser Situation wird nicht nur die auditive Wahrnehmung aktiviert, sondern auch die visuelle Wahrnehmung (mit den Augen suchen), der Gleichgewichtssinn (Kopf drehen) und der Muskel- und Stellungssinn (Kopf halten). Sensorische Integration bedeutet zum anderen, aus vielen einzelnen Eindrücken ein Ganzes zu machen. Während wir beispielsweise einen Pfirsich aufschneiden, führt unser Gehirn die Eindrücke, die es fortwährend von den Sinnesorganen empfängt, zu einem sinnvollen Ganzen zusammen. Dank dieses Vorgangs bekommen wir eine Vorstellung von der Beschaffenheit des Pfirsichs und sind in der Lage, unsere Hände und Finger zweckgerichtet und koordiniert einzusetzen.

Von Stufe zu Stufe

Die Entwicklung der Wahrnehmung und sensorischen Integration lässt sich anhand eines Stufenmodells veranschaulichen. Nach diesem Modell bezeichnet man die Zeit von der Geburt bis zum Alter von etwa drei Lebensmonaten als die so genannte Modalitätsstufe: Die Informationen, die einzelne Sinne ans Gehirn weiterleiten, stehen in dieser Phase noch unverbunden nebeneinander. Auf der nächsten, der so genannten Intermodalitätsstufe – zwischen etwa drei und acht Lebensmonaten – werden die Informationen verschiedener Sinnessysteme miteinander verknüpft. Dazu gehört unter anderem die oben erwähnte Verbindung von Hören und Sehen: Das Baby hört die Mutter und sucht sie mit den Augen. Die nächste Stufe ist die so genannte Serialstufe ab einem Alter von etwa acht Monaten. Nun werden Informationen in eine zeitlich geordnete Reihenfolge gebracht.

Sinnvolle Nervenverbindungen

Ein ausreichendes Angebot an Sinnesreizen ist gerade in den ersten Lebensjahren überaus wichtig. Denn sensorische Reize spielen eine wesentliche Rolle für den Aufbau neuronaler Verbindungen im zentralen Nervensystem. Diese entstehen an den Kontaktstellen (Synapsen) zwischen den Nervenzellen (Neuronen) und bilden sich in den ersten drei Lebensjahren verstärkt:

„Durch die Aufnahme von Sinnesreizen insbesondere aus Tast- und Bewegungserfahrungen werden ‚brauchbare' und damit ‚sinnvolle' Nervenverbindungen aufgebaut und in ihrem Wachstum stimuliert, ‚unbrauchbare' oder ‚sinnlose' im Wachstum gehemmt und abgebaut. Die Auswahl sinnvoller Verknüpfungen entwickelt sich durch die wiederholte Aufnahme gleicher Reize in immer ähnlichen Interaktionssequenzen (Füttern, Wickeln, Spielen) zwischen Mutter und Kind und durch die Sinneserfahrungen, die das Kind eigenständig mit sich und der Welt macht. In der Wiederholung von Abläufen und Interaktionen lernt das Kind, seine anfangs verwirrenden Wahrnehmungen zu ordnen." (Fock, *Wenn die Wahrnehmung gestört ist …*)

Die besondere Bedeutung der Grundsinne

Wie aus diesem Zitat hervorgeht, sind Tast- und Bewegungserfahrungen besonders wichtig für eine gesunde Wahrnehmungsentwicklung. Zuständig hierfür sind drei Sinne, die man als die Grundsinne bezeichnet: der Tastsinn, der Gleichgewichtssinn und der Muskel- und Stellungssinn. Man bezeichnet ihr Zusammenwirken auch als taktil-kinästhetische Wahrnehmung. Gemeinsam befähigen uns die drei Grundsinne beispielsweise dazu, uns in völliger Dunkelheit durch einen Raum zu bewegen: Mit den Händen tasten wir uns an den Einrichtungsgegenständen entlang und während unser Gehirn die Berührungsreize verarbeitet und umsetzt, schaffen wir es, Hindernisse zu umgehen und im Gleichgewicht zu bleiben.

Damit beim Trinken nichts danebenläuft, müssen die drei Grundsinne gut zusammenarbeiten.

Ein anderes Beispiel: Wenn wir ein Glas Wasser an die Lippen setzen und daraus trinken, geschieht das gewöhnlich, ohne dass etwas danebenläuft. Voraussetzung ist, dass die Rückmeldungen aus Haut- und Muskelsinn der Lippen richtig verarbeitet werden und der Gleichgewichtssinn intakt ist.

Letztlich spielt die taktil-kinästhetische Wahrnehmung für die Bewältigung aller grob- und feinmotorischen Aufgaben eine Rolle. Nur wenn die Grundsinne gut zusammenarbeiten, gelingen scheinbar banale – in Wirklichkeit komplexe – Tätigkeiten wie ein Kleidungsstück zuknöpfen oder einen Reißverschluss hochziehen.

2. Kapitel

Wenn die Wahrnehmung gestört ist

Störungen der Wahrnehmung treten schätzungsweise bei jedem sechsten bis siebten Kind auf. Buben sind häufiger betroffen als Mädchen. Es kann schwierig sein, die Störungen zu erkennen, selbst wenn deutliche Hinweise vorliegen. Denn nicht selten nimmt man ihre Erscheinungsformen zu wenig ernst oder deutet sie falsch. Viele Kinder mit Wahrnehmungsstörungen sind im wahren Wortsinn überreizt: Aufgrund der auf sie einströmenden Sinnesreize, die sie nicht richtig verarbeiten, wirken sie unruhig und überdreht. Sie lassen sich leicht ablenken und können sich nicht über längere Zeit auf eine Sache konzentrieren. Doch sprechen die Eltern und Verwandten zuerst noch stolz von „unserem kleinen Wirbelwind", so hagelt es nach dem Schuleintritt plötzlich Ermahnungen: „Kind, nun streng dich endlich an!" Generell dauert es oft bis zum Schulalter, bis Wahrnehmungsstörungen, wenn überhaupt, endlich erkannt werden. Es lohnt sich daher, sich mit den Erkennungsmerkmalen und möglichen Auswirkungen schon bei Kindern im Vorschulalter näher zu befassen.

Fehlentwicklungen der visuellen und auditiven Wahrnehmung

Visuelle Wahrnehmungsstörungen äußern sich in mangelnden Fähigkeiten in den auf Seite 28 beschriebenen Bereichen: Wahrnehmung der Formkonstanz, visuelle Figur-Grund-Wahrnehmung, räumliches Orientierungsvermögen, visuo-motorische Koordination und visuo-motorische Übertragung. Ist zum Beispiel die visuo-motorische Koordination gestört, so hat das Kind unter anderem Probleme, beim Malen innerhalb der vorgegebenen Konturen zu bleiben. Ein weiteres mögliches Erkennungszeichen ist mangelnde Ausdauer bei einer visuellen Aufgabe: Beim Betrachten eines Bilderbuchs oder beim Beobachten eines Vorgangs verweilt der Blick des Kindes nur kurz, sein Interesse erlischt rasch. Ebenso verhält es sich bei Störungen der auditiven Wahrnehmung. Dem Kind fallen die damit verbundenen Leistungen schwer (Seite 30–31): das Heraushören von Tönen aus einer Geräuschkulisse; die korrekte Unterscheidung von Lauten; die Ortung von Geräuschen; das Rhythmuserfassen; das richtige Deuten auditiver Signale; das Umsetzen von Gehörtem in aktive Sprache.

Fehlentwicklungen der taktil-kinästhetischen Wahrnehmung

Die taktil-kinästhetische Wahrnehmung hat bedeutenden Einfluss auf unser Wohlbefinden. Das wird vor allem daran deutlich, dass die Rückmeldungen aus Hautsinn, Muskel- und Stellungssinn und Gleichgewichtssinn es uns erst ermöglichen, uns selbst zu spüren.

Tastsinn

Der Tastsinn kann auf zweierlei Weise gestört, nämlich entweder über- oder unterentwickelt sein. Bei Überempfindlichkeit verspürt das Kind Abneigung gegen vieles, was Fühlreize vermittelt: Es vermeidet Barfußlaufen auf dem Rasen, verabscheut es, mit Sand und Wasser zu matschen oder mit den Händen einen Teig zu kneten, und beklagt sich häufig über kratzige oder zu eng anliegende Kleidung. Es fasst viele Dinge nur mit Fingerspitzen an, als wollte es die Berührung vermeiden. Wenn man es streicheln oder in den Arm nehmen will, weicht es aus. Eventuell wehrt es sich sogar heftig gegen einen liebevoll gemeinten Annäherungsversuch und stößt sein Gegenüber damit ungewollt vor den Kopf. Das bedeutet aber nicht, dass das betroffene Kind Berührungen und Spürerfahrungen nicht ebenso sehr bräuchte wie alle anderen. Oft sind es nur die unerwarteten punktuellen Berührungen (von hinten mit den Fingerspitzen berührt werden), die bei ihm spontane Abwehr hervorrufen. Ist das Kind hingegen auf eine (flächige!) Berührung eingestellt, wird es nicht so leicht überreagieren.

Kinder mit einem unterentwickelten Tastsinn haben eine hohe Schmerztoleranz, die mit ihrem übermäßigen Bedürfnis nach Spürerfahrungen zu tun hat. Aus diesem Bedürfnis heraus suchen sie manchmal geradezu aufdringlich nach Kontakten zu Menschen und Dingen, wobei es passieren kann, dass sie sich oder anderen wehtun. Im Umgang mit ihren Mitmenschen wirken sie distanzlos. Kinder mit einem mangelhaft entwickelten Tastsinn haben meistens auch eine ungenügende Körperwahrnehmung. Dadurch merken sie beispielsweise nicht, wenn ihre Nase läuft, die Hose rutscht oder die Schuhe verkehrt herum angezogen sind.

Körperbewusstsein

Sie erinnern sich an die Bedeutung von taktil-kinästhetischen Sinnesreizen für den Aufbau von Nervenverbindungen: Ein Kind braucht in den ersten Lebensjahren reichlich taktil-kinästhetische Sinneserfahrungen: ausgiebig gewickelt, gefüttert, getragen, gestreichelt werden. Mangelt es ihm daran, so führt das unter Umständen zu einer Beeinträchtigung der Körperwahrnehmung. Das Kind entwickelt kein ausreichendes Körperbewusstsein. Das heißt, es bekommt keine richtige Vorstellung von den Ausdehnungen und Grenzen seines Körpers und davon, wie sich sein Körper anfühlt. Das kann sich gravierend auf seine emotionale Entwicklung auswirken. Mangelndes Körperbewusstsein darf man aber deswegen nicht mit Vernachlässigung gleichsetzen. Denn dafür gibt es mehrere Ursachen. Häufig rührt die Beeinträchtigung daher, dass die sensorischen und motorischen Funktionen im Bereich der taktil-kinästhetischen Wahrnehmung nicht richtig ausgebildet sind. Kinder mit einem schlecht ausgebildeten Körperbewusstsein fallen unter anderem dadurch auf, dass ihre Zeichnungen von Menschen nicht altersgemäß sind. Wesentliche Körperteile fehlen oder sind falsch angeordnet; häufig stimmen auch die Größenverhältnisse nicht.

Oft klagen Eltern darüber, dass ihr Kind kein Gespür für körperliche Nähe hat. Da beugt man sich gerade liebevoll über seinen Sprössling und will ihm bei einer Aufgabe helfen, und plötzlich springt er hoch und donnert einem mit dem Kopf ans Kinn. Solche Fehlleistungen gehen ebenfalls auf das Konto eines mangelnden Körperbewusstseins – vor allem eines ungenügend ausgebildeten Bewusstseins für Raum und Begrenzung.

Störungen der Körperwahrnehmung – insbesondere des Gleichgewichts – sind auch daran zu erkennen, dass die betroffenen Kinder häufig auf das Gesicht fallen, wenn sie das Gleichgewicht verlieren. Der Einsatz der Arme zum Auffangen des Körpers kommt zu spät, weil das Gehirn die entsprechenden Impulse nicht rechtzeitig aussendet.

Muskeltonus

Ebenso wie der Tastsinn kann der Muskel- und Stellungssinn über- oder unterentwickelt sein. Das wirkt sich vor allem auf den Muskeltonus aus. Damit ist die Grundspannung der Muskulatur gemeint, die es uns ermöglicht, uns gegen die Schwerkraft aufzurichten. Der Muskeltonus wird durch den Hautsinn, den Muskel- und Stellungssinn und den Gleichgewichtssinn beeinflusst. Wenn eines dieser Sinnessysteme irritiert ist, kann das eine Tonusstörung zur Folge haben.

Ein Kind mit einem zu hohen Muskeltonus wirkt ungelenkig, steif und verkrampft. Es bewegt sich langsam und unharmonisch und bringt weder rhythmische noch schnelle,

Wenn der Muskeltonus nicht stimmt, fällt Kindern das Malen, Zeichnen und Schreiben oft schwer.

koordinierte Bewegungen zustande. Bei feinmotorischen Anforderungen ermüdet es sehr schnell, weil sie ihm große Mühe machen. Das sieht man unter anderem an seiner verkrampften, angespannten Stifthaltung beim Schreiben. Ein Kind mit einem zu niedrigen Muskeltonus zeigt eine schlaffe Körperhaltung und ein plumpes Gangbild. Seine Bewegungen sind langsam und schwerfällig. Schnelle Reaktionen, wie sie bei Ballspielen nötig sind, und schwungvolle Bewegungen wie beim Schaukeln bringt es kaum zustande. Es fällt oft hin, wenn es aus dem Gleichgewicht gerät, weil die nötigen Ausgleichsbewegungen nicht rechtzeitig erfolgen. Auch Schreiben und Malen bereiten ihm Schwierigkeiten, weil ihm das Gefühl für die richtige Stifthaltung und Kraftdosierung fehlt.

Gleichgewichtssinn

Beim Gleichgewichtssinn kann ebenfalls eine Über- oder Unterempfindlichkeit vorliegen. Eine Überempfindlichkeit macht sich dadurch bemerkbar, dass das Kind beim Spielen Bewegungen vermeidet, die das Gleichgewicht stimulieren: Schaukeln, Klettern, Balancieren. In einem Aufzug oder Karussell gerät es unter Umständen in Panik. In seiner Grobmotorik wirkt das Kind unsicher und ungeschickt. Eine Unterempfindlichkeit des Gleichgewichtssinns lässt sich dagegen an einem gesteigerten Bedürfnis nach Bewegungen erkennen, die das Gleichgewicht anregen. Der übermäßige Drang zu klettern, zu schaukeln und zu springen ist leider oft mit einer Fehleinschätzung von Risiken und dadurch mit häufigen Unfällen verbunden. Auch die räumliche Orientierung kann irritiert sein, wodurch sich die Gefahr von Unfällen und Zusammenstößen erhöht.

Körperkoordination

Körperkoordination ist das Zusammenspiel von Muskeln und Körperteilen, um bestimmte Körperbewegungen auszuführen. Ein Beispiel dafür ist der richtige Einsatz von Armen und Beinen beim Schwimmen oder Klettern. Oder die Fähigkeit, Gliedmaßen (etwa Hände oder Finger) isoliert und dennoch harmonisch aufeinander abgestimmt zu bewegen, wie es beim Handarbeiten oder Klavierspielen der Fall ist. Kinder mit Koordinationsstörungen haben oft Schwierigkeiten mit praktischen Tätigkeiten im Alltag: Sie plagen sich mit dem Öffnen und Schließen von Knöpfen oder Reißverschlüssen und brauchen sehr lange, bis sie das Schuhebinden beherrschen.

Lateralität, Dominanz und Überkreuzen der Körpermittellinie

Koordinierte Bewegungen entstehen durch eine optimale Zusammenarbeit der beiden Hirnhälften. Doch gewöhnlich werden Sinneseindrücke in einer der beiden Hirnhälften bevorzugt verarbeitet; diese Bevorzugung bezeichnet man als Lateralität. Unter Dominanz hingegen versteht man die Bevorzugung entweder der linken oder der rechten Körperseite beim Ausführen einer Bewegung. Bei Rechtshändern kommt beispielsweise die rechte Hand bevorzugt zum Einsatz, bei Linkshändern ist es umgekehrt. Links- beziehungsweise Rechtshändigkeit ist angeboren und sollte auf keinen Fall umgeschult werden. Kindern, die Probleme mit der Lateralität und Dominanz haben, fällt es schwer, Überkreuzungsbewegungen auszuführen, das heißt, die Körpermittellinie zu kreuzen.

In diesem Zusammenhang wird deutlich, warum die Krabbelphase des Babys ein so wichtiger Entwicklungsschritt ist, der nicht übersprungen werden sollte. Durch das Bewegungsmuster beim Krabbeln (linker Arm und rechtes Bein, rechter Arm und linkes Bein bewegen sich gemeinsam vorwärts) erfasst das Kind erstmals eine Diagonale. Aus dem Vierfüßlerstand setzt es sich hin und durch die damit verbundene Drehung des Oberkörpers überkreuzt es die Körpermittellinie. Dieses Überkreuzen übt es von da an bei vielen weiteren Tätigkeiten: im Sitzen mit der linken Hand ans rechte Bein fassen oder einen Gegenstand zu seiner Linken mit beiden Händen vom Boden aufheben. Kinder, die die Krabbelphase überspringen und das Überkreuzen der Mittellinie nicht verinnerlichen, haben später Schwierigkeiten in der Grobmotorik. Sie können zum Beispiel einen Ball nur auffangen, wenn er von vorn kommt, nicht aber von der Seite. Schnelle Drehungen sind ihnen nicht möglich. Das Überkreuzen der Mittellinie ist jedoch vor allem in der Schule beim Schreibenlernen wichtig. Viele Buchstaben der Schreibschrift haben eine Schleife – beispielsweise b, e, f, l oder x – und erfordern damit eine Überkreuzungsbewegung. Wenn ein Kind Probleme mit dem Überkreuzen der Mittellinie hat, erkennt man das nicht zuletzt daran, dass es beim Malen oder Schreiben schräg (also zur Seite gedreht) am Tisch sitzt. So vermeidet es unbewusst Überkreuzungsbewegungen. Die schräge Sitzhaltung und der einseitige Körpereinsatz erschweren ihm allerdings das beidhändige Arbeiten, beispielsweise den Umgang mit Messer und Gabel.

Dyspraxie

Praxie ist die Fähigkeit, zielgerichtet und zweckmäßig zu handeln, Dyspraxie das Fehlen ebendieser Fähigkeit. Dyspraktische Kinder fallen dadurch auf, dass sie ihre

Vorhaben sehr unsicher angehen und bei der Ausführung einen unselbstständigen, tollpatschigen Eindruck machen. Sie stellen sich ungeschickt an, ob es sich nun um grob- oder feinmotorische Aufgaben, um kreative Tätigkeiten oder um Alltagserfordernisse handelt.

„Trotz guter Begriffsfähigkeit packen sie die Bewegungsaufgabe irgendwie falsch an, zäumen das Pferd von hinten auf. Und sie halten immer wieder verwirrt inne, um nachzudenken, wie es weitergehen soll." (Kiphard, 1988, S. 132)

Dyspraxie ist nicht mit einer Bewegungsstörung zu verwechseln. Sie beruht nicht auf mangelnden koordinativen Fähigkeiten, sondern auf einer Störung in der gedanklichen Planung, im Speichern und Abrufen von Bewegungsabfolgen. Dyspraktische Kinder haben zum Beispiel Schwierigkeiten, sich selbstständig anzuziehen. Sie greifen planlos zu Kleidungsstücken, ziehen erst das T-Shirt und dann das Unterhemd an. Sie sind unsicher in der räumlichen Orientierung, verwechseln leicht links und rechts, oben und unten.

Verhaltensauffälligkeiten

Wie man sieht, äußern sich Wahrnehmungsstörungen vielfach in Ungeschicklichkeit, Tollpatschigkeit oder Unkonzentriertheit. Die Umgebung reagiert auf solches Unvermögen nicht selten mit Unverständnis, Spott oder Ablehnung. Kein Wunder, wenn die betroffenen Kinder Selbstwertprobleme entwickeln und ihrerseits mit entsprechendem Verhalten reagieren: Die einen ziehen sich ängstlich zurück, die anderen versuchen, ihre Unsicherheit durch aggressives Auftreten oder demonstrative

Überlegenheit zu überspielen, um von ihren Misserfolgen abzulenken. Hinzu kommt, dass Sinnlichkeit immer etwas mit lustvollem Genießen zu tun hat. Daraus lässt sich der Umkehrschluss ziehen: Wenn bei einem Kind die Sinneswahrnehmung beeinträchtigt ist, sind seine Möglichkeiten, lustvolle Erfahrungen mit dem eigenen Körper zu sammeln, ebenfalls eingeschränkt – und damit seine Gefühlswelt. Auch das kann sich im Verhalten des Kindes niederschlagen. Und schließlich ein dritter Aspekt: Kinder mit einer irritierten Wahrnehmung fühlen sich manchmal buchstäblich unwohl in ihrer Haut. Bei einer Überempfindlichkeit der taktilen Wahrnehmung etwa ist der Betroffene nicht nur berührungs-, sondern auch sehr schmerzempfindlich. Und muss sich bei jeder vermeintlich überzogenen Schmerzreaktion anhören, er solle nicht so wehleidig sein.

Teilleistungsstörungen

Teilleistungen sind, wie der Begriff andeutet, Fertigkeiten in gewissen Teilbereichen wie Sprache, Lesen, Schreiben oder Rechnen. Wenn in solchen Bereichen Störungen vorliegen, sind nicht selten Wahrnehmungsstörungen die Ursache.

Sprache

Professor Dr. Wolfgang Wendlandt hat in seinem Buch „Sprachstörungen im Kindesalter" (1992) den Zusammenhang zwischen Wahrnehmungsstörungen und Sprachstörungen durch das Bild eines „Sprachbaums" veranschaulicht. Der Baumstamm repräsentiert dabei die Grundlage für richtiges Sprechen, nämlich Sprachverständnis und

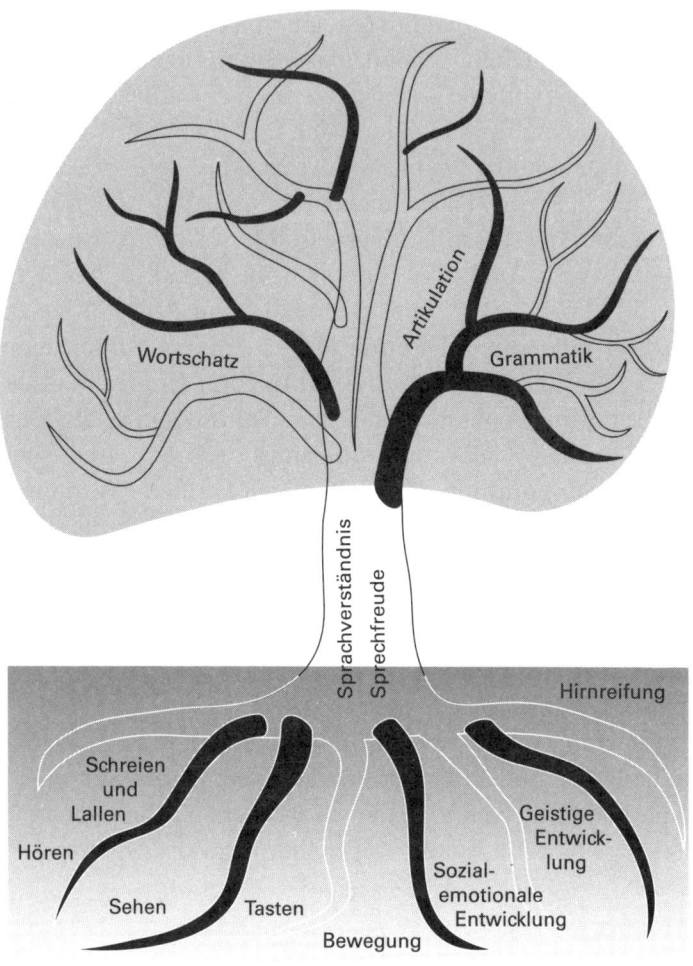

Der Sprachbaum macht deutlich: Eine gesunde Sprachentwicklung setzt eine gesunde Wahrnehmung voraus.

Sprechfreude, die Baumkrone die verschiedenen Bereiche der ausgebildeten Sprache, nämlich Wortschatz, Artikulation und Grammatik. Als die Wurzeln des Sprachbaumes und somit die Voraussetzungen für die Entwicklung der

Sprache gelten nach diesem Bild: Schreien und Lallen, Hören, Sehen, Tasten, Bewegung, die sozial-emotionale Entwicklung, die geistige Entwicklung und die Hirnreifung. Man sieht: ein beträchtlicher Teil der Wurzeln besteht aus verschiedenen Bereichen der Wahrnehmung.

Das erscheint logisch. Denn um sich einen sprachlichen Begriff wie zum Beispiel „Pfirsich" anzueignen, muss ein Kind ihn erst einmal mit allen Sinnessystemen erfasst haben. Mit dem Sehsinn erfasst es die charakteristische Größe, Farbe und Form der Frucht. Sein Haut-, Muskel und Gleichgewichtssinn erkunden Form, Oberfläche und Gewicht des Pfirsichs. Mit dem Hörsinn nimmt es die Geräusche beim Aufschneiden der Frucht und beim Herausnehmen des Steins wahr. Und mit dem Geruchs- und Geschmackssinn stellt das Kind fest: Der Pfirsich duftet und schmeckt wunderbar! Farbe, Form, Oberfläche, Gewicht, Geräusch, Geruch, Geschmack: all das macht den Begriff „Pfirsich" aus – nicht nur die Buchstaben und Laute, aus denen das Wort besteht.

Wenn intakte Wahrnehmung und Wahrnehmungsverarbeitung also die Voraussetzung für eine gesunde Sprachentwicklung sind, liegt der Umkehrschluss auf der Hand: Wahrnehmungsstörungen können Störungen der Sprachentwicklung verursachen. Das äußert sich vor allem in Problemen bei Sprachverständnis, Wortschatz, Grammatik und Artikulation:

- Bei einem eingeschränkten Sprachverständnis ist das Kind nicht ausreichend in der Lage, die Bedeutung von Gehörtem zu verstehen.
- Bei einem eingeschränkten Wortschatz kann das Kind Dinge, die es kennt, nicht richtig benennen.
- Einen Dysgrammatismus erkennt man daran, dass das Kind Sätze mit fehlerhafter Grammatik bildet.

- Von Dyslalie oder Stammeln spricht man, wenn das Kind bestimmte Laute nicht richtig aussprechen kann und sie deshalb weglässt, falsch bildet oder durch andere ersetzt.

Lernstörungen

Paradox: Kinder mit Wahrnehmungsproblemen sind meistens normal, manchmal sogar überdurchschnittlich begabt. Doch trotz ihrer Fähigkeiten haben sie unter Umständen Probleme beim Lernen, weil ihnen vielfach die Voraussetzungen für das Begreifen von Zusammenhängen fehlen. Begreifen hängt tatsächlich mit Greifen zusammen. Das fand der Schweizer Psychologe Jean Piaget schon vor Jahrzehnten heraus. Körperlich-sinnliche Erlebnisse sind wichtig für die geistige Entwicklung. Dementsprechend besteht ein enger Zusammenhang zwischen der Wahrnehmung, Körpergeschicklichkeit und Motorik einerseits und dem Denkvermögen, der Lern- und Sprachentwicklung andererseits. Kinder mit mangelhaft ausgebildeter Feinmotorik haben zum Beispiel nach dem Schuleintritt oft Schwierigkeiten, in einer angemessenen Zeit schreiben zu lernen, da die Handgeschicklichkeit eine wesentliche Voraussetzung für diese Fertigkeit ist. Um ein anderes Beispiel zu nennen: Schätzungen von Experten zufolge beruhen Lese-Rechtschreibschwächen bei etwa 60 bis 70 Prozent aller Kinder auf auditiven Wahrnehmungsstörungen.

Konzentrationsstörungen

Wie schon erwähnt, laufen manche Wahrnehmungen quasi nebenbei ab, ohne dass wir uns gezielt darauf konzentrieren müssen (Seite 34–35). Beispielsweise können wir ohne weiteres ein Gespräch führen und währenddessen den Tisch decken oder uns die Schuhe binden. Denn sind solche Abläufe erst einmal verinnerlicht, geschehen sie automatisch. Sie verlangen uns keine bewusste Aufmerksamkeit mehr ab. Der Kopf bleibt frei für andere Dinge.

Anders verhält es sich, wenn die Wahrnehmung in bestimmten Bereichen beeinträchtigt ist. Dann kostet die Bewältigung solcher Anforderungen Energie und Aufmerksamkeit – die für die eigentliche Aufgabe nicht mehr voll zur Verfügung stehen. So kann die auditive Wahrnehmung im räumlichen Hören gestört sein. Das Ohr ist dann nicht im Stande, Laute zu orten. Dem Betroffenen bleibt nichts anderes übrig, als die Geräuschquelle jedes Mal mit den Augen zu suchen. Das erzeugt nicht nur Schreck und Unsicherheit, es stört vor allem die Konzentration. Ein anderes Beispiel: Ein Kind mit einer Tonusstörung hat beim Schreiben gewöhnlich große Mühe, seinen Krafteinsatz richtig zu dosieren. So kann es sich kaum noch auf eine leserliche Schrift beziehungsweise auf Rechtschreibung und Inhalt konzentrieren.

ADS und ADHS

Aufmerksamkeitsdefizitsyndrom (ADS) oder Aufmerksamkeitsdefizit/-Hyperaktivitätsstörung (ADHS), manchmal auch Hyperkinetisches Syndrom – so nennt man die Störung, bei der die betroffenen Kinder aufgrund ihrer mangelnden Aufmerksamkeit und oft auch wegen ihrer Impulsivität und motorischen Überaktivität auffallen. Schätzungsweise 400 000 Kinder im Alter zwischen 5 und 15 Jahren sind allein in Deutschland von ADS/ADHS betroffen. Viele Fachleute sehen einen engen Zusammenhang zwischen ADS/ADHS und Wahrnehmungsstörungen. Man nimmt heute an, dass bei den Betroffenen der Stoffwechsel im Vorderhirn gestört ist. Dieser

Bereich des Gehirns ist unter anderem zuständig für die Wiedererkennung, Filterung und Bewertung von Reizen. Eine wesentliche Rolle spielt dabei der Botenstoff Dopamin. Bei den Betroffenen wirkt er nicht ausreichend lang zwischen den Nervenzellen, um eine geordnete Informationsverarbeitung zu gewährleisten. Die Folge: Der Betroffene hat Probleme, sich zu konzentrieren, sich zu kontrollieren und geordnet zu handeln.

Etwa ein Zehntel aller Kinder mit ADS/ADHS bekommt ein Medikament mit dem stimulierenden Wirkstoff Methylphenidat (zum Beispiel Ritalin®) verschrieben – Tendenz steigend. Darüber ist in den letzten Jahren eine heftige Kontroverse entbrannt. Die Ritalin®-Gegner bezeichnen es als unverantwortlich, mit Medikamenten in den Hirnstoffwechsel einzugreifen und Kinder damit einfach ruhig zu stellen. Die Befürworter halten dagegen, dass Ritalin® keineswegs ein Beruhigungsmittel sei, sondern – genau umgekehrt – die Aufmerksamkeit erhöhe. Dank dieses Medikaments könne das Dopamin länger zwischen den Nervenzellen wirken, so dass Wahrnehmungen und Empfindungen besser gefiltert würden.

Ich fühle mich nicht kompetent, in dieser Kontroverse eine Meinung abzugeben. Doch sollten beide Parteien eines bedenken: Betroffenen Kindern und ihren Eltern ist mit verbalen Attacken und Vorwürfen nicht gedient. Diese Familien haben mit ihren Problemen schon genug zu kämpfen. Sie brauchen konkrete Anleitung, um ihren schwierigen Alltag zu bewältigen, und therapeutische Hilfe möglichst von mehreren Seiten. Ritalin®, so heißt es, kann dabei in gewissen Fällen eine vorübergehende Hilfe sein – damit das Kind überhaupt erst in der Lage ist, sich auf eine Therapie einzulassen und sie umzusetzen. Eine Verschreibung sollte jedoch in jedem Fall sorgfältig geprüft werden. Vor allem aber sollte man die medikamentöse Behandlung immer durch geeignete therapeutische Maßnahmen (siehe auch Seite 174–183) ergänzen.

Woran man Wahrnehmungsstörungen erkennen kann

Nachdem wir gesehen haben, in wie vielen Bereichen und auf welch vielfältige Weise sich Wahrnehmungsstörungen äußern (Auffälligkeiten in der Bewegung, im Verhalten, in der Sprache, in den emotionalen Äußerungen), stellt sich die Frage: Haben Eltern gegebenenfalls eine Chance, die Auffälligkeiten ihres Kindes zu erkennen und daraus die richtigen Schlüsse zu ziehen?

In den ersten Lebensjahren sind mögliche Anzeichen für Wahrnehmungsstörungen tatsächlich schwer einzuordnen. Denn nicht alle Kinder entwickeln sich im gleichen Tempo und nach demselben Schema. Das eine Baby läuft schon im Alter von elf Monaten, das andere erst vier oder fünf Monate später – und trotzdem kann mit seiner motorischen Entwicklung alles in Ordnung sein. Es kommt außerdem oft vor, dass ein Kind in verschiedenen Bereichen unterschiedlich weit entwickelt ist. In seiner motorischen Entwicklung (Sitzen, Krabbeln, Laufen) erweist es sich vielleicht als Spätzünder, während es in seinen sprachlichen Fähigkeiten die meisten Gleichaltrigen mühelos überflügelt. Auch das kann völlig normal sein – oder ein erstes Anzeichen für Wahrnehmungsstörungen.

Mögliche Anzeichen bei Babys und Kleinkindern

Um die Entwicklung eines Kindes gerade in den ersten Lebensmonaten und -jahren besser einschätzen zu können, empfiehlt die Psychotherapeutin Gisela Wagner, vor allem auf folgende Anzeichen zu achten:

„Ist das Kind ein Schreibaby? Wenn ja, kann man fast sicher davon ausgehen, dass es etwas mit einer gestörten Wahrnehmung zu tun hat. Schreibabys beruhigen sich nur, wenn sie in den Arm genommen und herumgetragen werden. Sie holen sich damit lautstark, was sie am nötigsten brauchen: Spürerfahrung und Schaukelbewegungen, die das Gehirn strukturieren. Es kann auch umgekehrt sein: Das Baby ist besonders ‚pflegeleicht‘, lässt sich überall abstellen und gibt keinen Mucks von sich. Es schaut und beobachtet – und rührt sich nicht, weil sein Gehirn keine Bewegungsimpulse aussendet.“

Besondere Aufmerksamkeit ist geboten, wenn das Kind in seiner Entwicklung einzelne Stufen auslässt, zum Beispiel die Krabbelphase. Wenn ein Baby nicht krabbelt, aber beizeiten stehen und laufen kann, heißt das nicht, wie die Eltern vielleicht gern glauben möchten, dass seine motori-

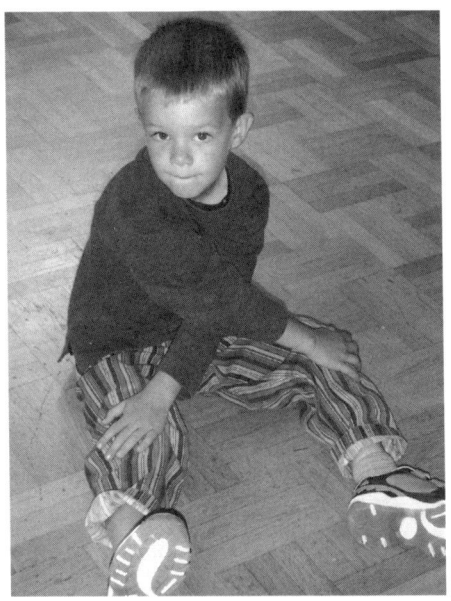

Überkreuzungsbewegungen, die in der Krabbelphase eingeübt wurden, sind später wichtig fürs Schreibenlernen.

sche Entwicklung zügig voranschreitet. Vielmehr fehlen in seiner Entwicklung die Überkreuzungsbewegungen, die es später schmerzlich vermissen wird (Seite 46–47).

Die Sprachentwicklung liefert ebenfalls wichtige Hinweise. Schwierigkeiten beim Sprechen – beispielsweise ein eingeschränkter Wortschatz, eine fehlerhafte Grammatik, Probleme mit dem Sprachverständnis oder Aussprachefehler – hängen oft mit Wahrnehmungsstörungen zusammen (Seite 49–50). Paradoxerweise kann auch genau das Gegenteil zutreffen, weiß Gisela Wagner aus ihrer langjährigen Praxiserfahrung: „Es gibt Kinder, die sprechen schon sehr früh ganz perfekt – und vor allem viel. Aber wenn man genau hinhört, merkt man, dass das eine eher mechanische Sprache ist und nicht Sprache zur Kommunikation und Interaktion. Solche Kinder sind wie wandelnde Lexika. Die Eltern sind unglaublich stolz (‚Was mein Kind doch alles weiß!‘), in gewisser Hinsicht natürlich völlig zu Recht. Aber im Grunde besteht die Leistung des Kindes nur darin, dass es gesammeltes Wissen mechanisch wiedergibt. Die vielfältigen Möglichkeiten der Sprache werden nicht ausgeschöpft. Und ausgerechnet die motorischen Fähigkeiten, mit denen das Kind ohnehin schon im Hintertreffen ist, werden vernachlässigt. Die Folge: Je mehr die Eltern das Kind in seinen besonderen Sprachfähigkeiten bestärken, desto weiter klafft die Schere auseinander."

Worauf Eltern und Erzieher achten sollten

Je größer das Kind wird, desto deutlicher zeigen sich mögliche Wahrnehmungsstörungen an ihren typischen Merkmalen. Doch für Eltern ist es immer noch schwierig genug, solche Anzeichen zu erkennen und richtig zu deuten. Im Kindergarten mag das ein wenig einfacher sein. Dort hat man Vergleiche mit gleichaltrigen Kindern. Außerdem zeigt die Erfahrung, dass viele Merkmale überhaupt erst in der Gruppensituation zu Tage treten.

Kein Wort verstanden

Eine Rolle spielt zum Beispiel die Geräuschkulisse im Kindergarten. Ein Kind mit einer Störung der auditiven Wahrnehmung erfasst ab einem gewissen Lärmpegel keine gezielten Informationen mehr, da es die Hintergrundgeräusche nicht ausblenden kann. Die Folge: Es versteht (und befolgt) weder Anweisungen, noch reagiert es auf Lob. Gerade wenn Letzteres öfters der Fall ist, sollte die Erzieherin aufmerksam werden, meint die Sozialpädagogin Magret Schwender: „Dass man eine Aufforderung aus Bequemlichkeit überhört, ist ja verständlich – aber ein Lob? Trotzdem macht es uns oft Schwierigkeiten, den Eltern solche Beobachtungen zu vermitteln. Die sagen meistens: ‚Das stimmt nicht. Zuhause ist es anders.' Gewiss, aber zuhause hat man weder den Lärmpegel einer großen Kindergruppe, noch muss man ihn über eine gewisse Distanz, wie zum Beispiel einen großen Gruppenraum, hinweg übertönen, sondern kann das Kind direkt ansprechen. Dennoch sollte es auch Eltern möglich sein, auf solche Schwierigkeiten aufmerksam zu werden. Wenn sie sich mit ihrem Kind an einem belebten Ort, sagen wir in einem Kaufhaus, aufhalten, fällt es ihnen vielleicht eher auf, dass ihr Kind sie nicht verstehen kann, weil es durch zu viele Reize abgelenkt wird."

Den Überblick verloren

Ähnlich wie mit auditiven verhält es sich mit visuellen Wahrnehmungsstörungen. Bei vielen visuellen Eindrücken verliert das betroffene Kind den Überblick. Das zeigt sich unter anderem daran, dass es in der großen Kindergartengarderobe oft seine Jacke und seine Schuhe nicht findet. Ein anderes Beispiel, das sich nicht nur in der Kindergartensituation, sondern auch zuhause ereignen kann: Ein Erwachsener schaut sich zusammen mit dem Kind ein Bilderbuch an. Es geht darin um Tiere im Wald; die Hauptfigur ist ein Reh namens Bambi. Das Reh erscheint auf jeder Seite und hebt sich mit seinen besonderen Merkmalen von den anderen Tieren ab. Doch jedes Mal, wenn der Erwachsene fragt: „Wo ist Bambi?", deutet das Kind wahllos auf eines der Tiere oder fängt an, verlegen herumzukaspern.

In beiden Beispielen ist bei den betroffenen Kindern die visuelle Figur-Grund-Wahrnehmung (Seite 28) irritiert. Die Kinder erkennen vor dem wimmelnden Hintergrund nicht das gesuchte Objekt oder die Hauptfigur.

Bilderbücher nehmen die visuelle Wahrnehmung und Aufmerksamkeit in Anspruch.

59

Du Spielverderber!

„Im Kindergarten kommt es immer wieder vor, dass beim gemeinsamen Spielen Konflikte auftreten", erzählt Magret Schwender. „Denn Kindern mit Wahrnehmungsstörungen fällt es vielfach schwer, sich an die Spielpartner anzupassen. Beispielsweise wenn man sich gemeinsam auf eine Vorgehensweise geeinigt hat und einem Kind plötzlich eine neue Idee kommt, die ein schnelles, flexibles Umdenken erfordert. Auch das ist zu Hause anders. Als Eltern lässt man sich stärker auf die Wünsche und Bedürfnisse des Kindes ein und vermeidet dadurch unbewusst Konflikte. So fallen einem die Anpassungsschwierigkeiten des Kindes nicht auf."

Konflikte können in der Kindergartengruppe auch entstehen, wenn ein betroffenes Kind überempfindlich auf Berührungsreize reagiert. Dann weigert es sich beim Kreisspiel zum Beispiel, seine Nachbarn an den Händen zu fassen, und wird schnell zum Spielverderber abgestempelt. Überhaupt trifft der Vorwurf, ein Einzelgänger oder Spielverderber zu sein, vor allem die Kinder mit taktiler Abwehr. Dazu ein Beispiel: In der Kindergartengruppe wird gemeinsam ein Bild mit Fingerfarben gemalt. Alle Kinder haben großen Spaß daran, nur Sandro will nicht mitmachen. Erst nach mehrmaliger Aufforderung taucht er widerwillig eine Fingerspitze in den Farbtopf, malt einen Strich und wischt sich danach sofort mit einem Tuch ab. Dann geht er zum Händewaschen und weigert sich weiterzumalen. Die anderen Kinder sind sauer. Wie sollen sie verstehen, dass bei Sandro die taktile Wahrnehmung und möglicherweise der Muskelsinn irritiert sind: Weiche, fließende Materialien flößen ihm Unsicherheit ein, weil sie ihm keine Festigkeit und klaren Informationen vermitteln. Von Spielverderber kann nicht die Rede sein!

60

Verloren in fremder Umgebung

Noch etwas fällt der Sozialpädagogin Magret Schwender immer wieder auf: Kinder mit einer irritierten Wahrnehmung können sich, wenn sie morgens in den Kindergarten gebracht werden, nur schwer von der Mutter oder vom Vater trennen. Nachmittags, zur Abholzeit, ist es genau umgekehrt: Da wollen sie partout nicht nach Hause. Zu erklären ist das zum einen dadurch, dass wahrnehmungsgestörte Kinder generell oft unsicher und weniger flexibel sind als andere. Sie können sich nicht so schnell auf eine neue Situation einstellen. Manche geraten schon in helle Aufregung, wenn nur an der Zimmereinrichtung etwas verändert wird – beispielsweise neue Vorhänge aufgehängt werden. Zum anderen lässt sich manchmal ein unmittelbarer Zusammenhang mit dem entsprechenden Wahrnehmungsproblem erkennen. Wenn ein Kind als Baby nicht gekrabbelt ist, ist sein Raumsinn nicht optimal ausgebildet. Genau das ist dann der Grund, warum das Kind nicht gern aus der vertrauten Umgebung herausgeht und sich bei jeder Veränderung hilflos und verunsichert zeigt.

Hilfe, mir wird schlecht!

Wie das vorige Beispiel andeutet, zeigen sich Wahrnehmungsstörungen besonders an Vermeidungstaktiken. Kinder mit einem überempfindlichen Gleichgewichtssinn etwa werden alle Bewegungen vermeiden, die diesen Sinn anregen, selbst wenn sie anderen noch so viel Spaß machen: Schaukeln, Klettern, Karussellfahren. Solche Bewegungen flößen ihnen Angst und Unsicherheit ein, vielen wird dabei übel. Aufmerksame Eltern beobachten solche Vermeidungstendenzen eventuell schon sehr früh bei ihrem Kind. Es gibt Babys, die nicht vor Vergnügen jauchzen, wenn sie

61

von Papa oder Mama in die Luft geworfen und aufgefangen werden. Sie fangen an zu weinen – ihre einzige Möglichkeit, ihr Unbehagen auszudrücken.

Ursachen von Wahrnehmungsstörungen

Welche Ursachen es für Wahrnehmungsstörungen gibt, ist längst nicht erschöpfend geklärt. Doch so viel weiß man: Wahrnehmungsstörungen können bei einer Risikoschwangerschaft auftreten, in der die Mutter über längere Zeit zum Liegen gezwungen ist. Durch die fehlenden Schaukelbewegungen, die beim Gehen entstehen, kann beim Fötus der Gleichgewichtssinn nicht ausreichend stimuliert werden. Dasselbe gilt für Babys, die nach der Geburt für längere Zeit im Brutkasten liegen müssen. Sie müssen während dieser Zeit obendrein weitgehend auf Hautreize und Spürerfahrungen verzichten: von den Eltern gestreichelt, in den Arm genommen und getragen zu werden. Dabei ist gerade die ausreichende Stimulierung von Gleichgewichts- und Tastsinn eine wichtige Voraussetzung für die Bildung neuronaler Verbindungen (Seite 37) und eine gesunde Gehirnreifung. Wahrnehmungsstörungen können außerdem durch Stoffwechselstörungen, Medikamenteneinnahme oder Suchtverhalten der schwangeren Mutter entstehen. Auch die genetische Veranlagung fällt ins Gewicht. Ebenso spielt Sauerstoffmangel vor, während oder nach der Geburt eine Rolle. Nicht zuletzt sind schwere Krankheiten im Baby- oder Kleinkindalter eine mögliche Ursache. Häufige Mittelohrentzündungen in den ersten Lebensjahren etwa können sich schädlich auf die Entwicklung des Gehörs und der Hörwahrnehmung auswirken.

Unsere Lebensweise spielt auch eine Rolle

Unsere heutigen familiären und gesellschaftlichen Verhältnisse tragen zu vermehrtem Auftreten von Wahrnehmungsstörungen ebenfalls bei. Reizüberflutung spielt dabei eine nicht unwesentliche Rolle. Wenn Kinder zuhause allzu oft vor dem Fernseher oder Computer abgesetzt werden, wird ihre Seh- und Hörwahrnehmung im Übermaß beansprucht. Die Sinne stumpfen ab, die Konzentrationsfähigkeit lässt nach. Hinzu kommt, dass durch den Bewegungsmangel die motorischen Fähigkeiten verkümmern. Bewegungsmangel wiederum hat noch andere Ursachen: In größeren Städten mit verkehrsreichen Straßen haben Kinder wenig Platz zum Spielen, vor allem, wenn die Wohnverhältnisse beengt sind und man Rücksicht auf lärmempfindliche Nachbarn zu nehmen hat. Gesellschaftliche Regeln zwingen Kinder obendrein viel zu sehr zum Stillsitzen, sei es in der Schule, bei den Hausaufgaben oder im Restaurant.

Falsche Rücksichtnahme der Eltern kann die Entwicklung von Wahrnehmungsproblemen ebenfalls begünstigen. Viele Eltern können einfach nicht zusehen, wie sich ihr Kind mit bestimmten, beispielsweise feinmotorischen Anforderungen herumplagt, und versuchen ihm alles abzunehmen. Kaum nimmt das Kind seine Jacke in die Hand, wird sie ihm schon übergezogen und zugeknöpft. Am Mittagstisch bekommt es alles mundgerecht serviert: Der Teller ist gefüllt, das Fleisch geschnitten, das Trinkglas eingeschenkt. Kein Wunder, wenn der Sprössling immer weniger Ehrgeiz verspürt, solche Alltagsaufgaben selber zu bewältigen. Überhaupt haben sich die Verhältnisse in den vergangenen Jahrzehnten stark geändert. Früher mussten die Kinder stärker in Haus und Garten mithelfen. Dabei waren Tätigkeiten gefordert, die die Wahrnehmung und

Geschicklichkeit in vielfältiger Weise trainierten: Tisch decken, Teig rühren, Gemüse putzen, Geschirr spülen, den kleinen Geschwistern beim An- und Ausziehen helfen, bei der Garten- und Feldernte mithelfen ... Heute haben Maschinen und Haushaltsgeräte einen großen Teil dieser Aufgaben übernommen. Und den Rest erledigen die Erwachsenen lieber selber, weil das ja viel schneller geht.

Rückhalt und Bestätigung geben

Ganz allgemein hängt die individuelle Entwicklung eines Kindes von vielen verschiedenen Faktoren ab, zum Beispiel:

- von seinen erblichen Anlagen,
- von den Anregungen und der Förderung, die Eltern und Erzieher dem Kind von klein auf bieten,
- von der Bestätigung, die das Kind von den Erwachsenen bekommt und die es in seiner Entwicklung beflügelt.

Wenn bei einem Kind eine Entwicklungsstörung vorliegt, ist das kein unabänderliches Schicksal. Gezielte Förderung und die wiederholte Bestätigung „Ich liebe dich, so wie du bist, und bin stolz auf dich" können in der ganzheitlichen Entwicklung des Kindes erstaunliche Fortschritte bewirken. Es hat also wenig Nutzen, wenn sich Eltern mit Jammern und Klagen aufhalten und ständig fragen: „Warum trifft es gerade unser Kind?" Besser ist es, nach vorn zu schauen und Vertrauen in das Kind zu setzen, ihm Sicherheit zu geben durch die Bestätigung: „Wir sehen die Schwierigkeiten, mit denen du zu kämpfen hast. Aber wir sind an deiner Seite und unterstützen dich. Du wirst deinen Weg finden."

3. Kapitel

Die Perspektive wechseln

Ein indianisches Sprichwort sagt: „Beurteile niemanden, ehe du nicht eine Meile in seinen Schuhen gegangen bist." Den Rat sollte jeder beherzigen! Denn selbst ein noch so einfühlsamer Mensch wird nur begrenzt Verständnis für einen anderen aufbringen, solange er sich nicht in dessen Situation befunden hat.

Versetzen Sie sich in die Lage des Kindes

Anhand der folgenden Versuche kann jeder am eigenen Leib erfahren, mit welchen Schwierigkeiten Kinder mit Wahrnehmungsstörungen zu kämpfen haben.

Ich traue meinen Augen nicht!

Visuelle Wahrnehmungsschwierigkeiten lassen sich mit diesen Experimenten gut nachvollziehen: Leihen Sie sich von jemandem eine Brille aus, deren Sehstärke deutlich von der Sehkraft Ihrer Augen abweicht. Setzen Sie die Brille auf und versuchen Sie, Ihre aktuelle Tätigkeit ganz normal fortzusetzen. Ganz normal? Sie werden schnell merken, dass das nicht geht. Beim Zwiebelschneiden werden Sie ab jetzt nicht mehr so sorglos mit dem scharfen Messer hantieren. Und am Frühstückstisch stellen Sie vielleicht fest, dass sich das weiße Geschirr kaum von der weißen Tischdecke abhebt und Sie beim Versuch, den Henkel der Tasse zu finden, danebengreifen. Kein Problem, Sie können die Brille ja abnehmen! Ein Kind mit einer gestörten auditiven Figur-Grund-Wahrnehmung und einem eingeschränkten räumlichen Orientierungsvermögen kann das nicht.

Raumorientierung steht auch bei diesem Versuch im Mittelpunkt, den ich aber nur in meiner Vorstellung ausführe. Ich vergegenwärtige mir eine Fahrstrecke, die ich schon öfters mit dem Auto zurückgelegt habe: eine enge, kurvige Straße, die womöglich noch auf beiden Seiten zugeparkt ist, und am Ende eine enge Hofeinfahrt. Nun trete ich in der Phantasie die Fahrt mit einem Lastwagen an. Ich stelle mir vor, wie ich mich an den parkenden Autos vorbeilaviere, den Gegenverkehr passieren lasse, die engen Kurven nehme und schließlich in Millimeterarbeit in die Hofeinfahrt gelange. Allein die Vorstellung ist purer Stress – für ein Kind mit räumlichen Wahrnehmungsproblemen jedoch Alltagserfahrung. Solche Kinder kämpfen ständig mit der Schwierigkeit, unbeschadet an Hindernissen vorbeizukommen, und stoßen sich dennoch viel öfter an als andere.

Und wie fühlt sich ein Kind, dessen visuo-motorische Koordination (Seite 28) beeinträchtigt ist? Das lässt sich mit diesem Versuch herausfinden: Ich stelle einen Spiegel auf den Tisch und lege davor ein Blatt Papier. Darauf schreibe ich in Großbuchstaben ein längeres Wort. Während des Schreibens schaue ich jedoch nicht auf das Blatt, sondern in den Spiegel. Was passiert? Jedes Mal, wenn ich nach einem Strich den Stift neu ansetze, bin ich irritiert und weiß nicht wohin. Genauso schwierig ist es, den Namen in Schreibschrift zu schreiben, da ich durch die permanente Kontrolle im Spiegel ständig die Orientierung verliere. Das Ergebnis ist ein Gekrakel, das mit dem persönlichen Schriftzug nichts gemeinsam hat.

Beim Schreiben mit Spiegelkontrolle verliert man leicht die Orientierung.

Höre ich recht?

Um zu erleben, wie es Kindern mit auditiven Wahrnehmungsstörungen gehen kann, stecken Sie sich ein Paar Ohropax in die Ohren. Dann setzen Sie sich mit Ihrer Familie an den Tisch und versuchen, ein normales Gespräch zu führen. Sollten Sie damit klarkommen – was unwahrscheinlich ist –, versuchen Sie sich an der nächsten Schwierigkeitsstufe: Lassen Sie sich von den anderen ein neues Spiel erklären und spielen Sie es anschließend gemeinsam. Vermutlich halten Sie nicht bis zum Schluss durch. Spätestens, wenn die anderen sauer sind, weil Sie alles falsch machen, dürfte Ihnen die Lust vergangen sein.

Wie unbeholfen!

Störungen der Grob- und Feinmotorik versuche ich anhand der folgenden Versuche nachzuempfinden: Ich ziehe
mir Fäustlinge über und versuche, etwas Hübsches zu basteln. Nachdem ich mich redlich mit Papier, Schere und
Kleber abgemüht habe und das Ergebnis im Mülleimer
gelandet ist, mache ich mir das nächste Mal sicher mehr
Gedanken, bevor ich zu meinem Kind sage: „Ein bisschen
mehr Mühe könntest du dir schon geben!" Als Nächstes
klebe ich mir an jeder Hand zwei Finger mit Tesafilm zusammen – und stelle fest, dass mir damit selbst die alltäg-
lichsten Handgriffe schwer fallen: Gemüse putzen, die
Haare frisieren, das Geschirr abtrocknen … Zuletzt lasse
ich mich von jemand schwindlig drehen und steuere danach ein Ziel im Raum an. Wie betrunken torkle ich darauf
zu und muss mir obendrein dumme Bemerkungen gefallen
lassen: „Meine Güte, wie kommst du denn daher!"

Pass auf, wo du hintrittst!

Bei einem Spaziergang zu zweit probiere ich ein Experiment aus, das die Familientherapeutin Gisela Wagner an-
geregt hat: Ich unterhalte mich beim Gehen ganz normal
mit meinem Begleiter. Währenddessen steuern wir einen
Bordstein an und kurz, bevor wir ihn erreicht haben, rufe
ich unvermittelt: „Pass auf, der Bordstein!" Mein Begleiter
schaut blitzschnell hin – und stolpert. Warum?

Das Überwinden von Hindernissen beim Gehen ist ein
Vorgang, der gewöhnlich automatisch abläuft (vgl. Seite 34–35). Der Körper hat ihn verinnerlicht – dank einer
perfekt funktionierenden Zusammenarbeit von taktil-ki-
nästhetischer Wahrnehmung (Bordstein spüren, Fuß heben,
Gleichgewicht halten) und visueller Wahrnehmung (Bord-

stein sehen). Stört man diesen automatisch ablaufenden Vorgang, indem man die Aufgabe ausschließlich auf die visuelle Wahrnehmung verlagert, gerät der Bewegungsablauf durcheinander. Der Automatismus wird unterbrochen, und man stolpert. Dieser Versuch zeigt, dass man sich auf die visuelle Wahrnehmung allein nicht verlassen kann. Wenn ein Teil der Informationen – nämlich die Rückmeldungen aus Hautsinn, Muskel- und Stellungssinn sowie Gleichgewichtssinn – fehlt, kann das Gehirn den Bewegungsablauf nicht richtig planen. Der Unfall ist vorgezeichnet. Wie frustrierend mag es für Kinder mit einer gestörten taktilkinästhetischen Wahrnehmung demnach sein, sich nach jedem Hinfallen anhören zu müssen: „Ich hab dir doch gesagt, du sollst hinschauen!"

Gewöhn dir das mal ab!

Wie schwierig es ist, Angewohnheiten abzulegen, beweist der folgende Versuch: Versuchen Sie einmal, eine Geschichte zu erzählen und bei jedem Wort das „r" durch ein „l" zu ersetzen: „An einem Helbstmolgen tlafen sich ein Hase und ein Igel. Del Hase, del sehl volnehm und hochnäsig wal, machte sich übel die kulzen Beine des Igels lustig …". Schaffen Sie es nur bis dahin, alle Laute fehlerlos zu ersetzen? Sie werden feststellen, dass Sie dafür volle Konzentration aufbieten müssen. Auf andere Dinge wie den Inhalt der Geschichte oder Ihren Erzählstil können Sie kaum mehr achten. In einem ähnlichen Dilemma befinden sich Kinder, die – etwa aufgrund einer gestörten Hörwahrnehmung – eine fehlerhafte Aussprache entwickelt haben und sich diese nach Meinung Erwachsener schnellstens abgewöhnen sollten.

Was heißt hier dumm und faul?

Dass Wahrnehmungsstörungen nichts mit Dummheit, Faulheit oder Nachlässigkeit zu tun haben, wie es Kindern im Schulalter nicht selten unterstellt wird, zeigt schließlich das folgende Beispiel. Es stammt aus dem Buch „Ach, so geht das!" von Roswitha Defersdorf. Zwei Versuchskandidaten stehen sich gegenüber. Einer hat die Aufgabe, dem anderen eine längere Geschichte zu erzählen, zum Beispiel, was sich im letzten Urlaub ereignet hat. Währenddessen klatschen beide in regelmäßigem Rhythmus die Handflächen über Kreuz gegeneinander. Manche Menschen kommen dadurch schon aus dem Sprechrhythmus, weil sie nicht gleichzeitig reden und über Kreuz klatschen können. Das Experiment geht weiter. Beim nächsten Schwierigkeitsgrad stehen beide Kandidaten nur noch auf einem Bein, während sie klatschen und der eine weitererzählt. Zu guter Letzt erhält der Erzähler noch Anweisung, das linke Auge zu schließen. Was dann passiert, beschreibt und interpretiert Roswitha Defersdorf so:

„Er wird nicht mehr überlegt reden, sondern hauptsächlich mit seinem Gleichgewicht kämpfen und irgendwann aufgeben und lachen. Eltern, Lehrer und Ärzte müssen sich klarmachen, dass dies die Situation von Kindern mit Lernproblemen in der Schule ist. Sie sind mit grundlegenden Körperreaktionen beschäftigt und können daher nur mangelhafte Leistung erbringen. Auch sie reagieren oft mit Lachen, aber es ist genauso wenig ein glückliches Lachen. Es ist verlegenes Klassenkaspern." (Defersdorf, 2003, S. 149)

Von wegen schlecht erzogen …

Durch solche Selbstversuche kann man hautnah erleben, mit welchen Schwierigkeiten Kinder mit Wahrnehmungsstörungen zu kämpfen haben. Die Auswirkungen dürften jetzt verständlich sein: Stress und Anspannung, mangelndes Selbstwertgefühl, tiefe Verunsicherung. Mit Ungezogenheit, Aufsässigkeit, Faulheit oder Desinteresse hat das ebenso wenig zu tun wie mit schlechter Erziehung. Diese Erkenntnis hilft Ihnen hoffentlich, mit Ihrem Kind künftig besser klarzukommen. Wenn sich Ihr Sprössling wieder einmal „unmöglich" benimmt, nehmen Sie es nicht persönlich. Das Kind tut es ja nicht absichtlich, um Sie zu ärgern. Deuten Sie sein Verhalten vielmehr als Hilferuf. Räumen Sie auch mit Selbstzweifeln auf; sie rauben Ihnen nur unnötig Energie. Lassen Sie sich nicht länger von Mitmenschen verunsichern, die Ihnen schlechte Erziehung einreden wollen. Verwenden Sie Ihre Energie lieber darauf, sich nach guten Fördermöglichkeiten für Ihr Kind umzusehen.

4. Kapitel

Förderung beginnt im Alltag

Die erste und wichtigste Möglichkeit, ein Kind mit Wahrnehmungsstörungen zu unterstützen, besteht natürlich darin, fachlich kompetente Hilfe in Anspruch zu nehmen. Leider sieht die Situation abseits der Ballungszentren nicht immer rosig aus. Es kann schwierig sein, geeignete Therapieangebote in erreichbarer Nähe zu finden (siehe Hinweise auf Seite 174–183). Oder es sind lange Wartezeiten in Kauf zu nehmen. Doch ganz gleich, wie gut oder schlecht die Chancen für eine Therapie stehen, die Eltern sollten nicht tatenlos bleiben, sondern jede Möglichkeit nutzen, ihr Kind selber aktiv zu unterstützen.

Weg mit den bequemen Haushaltsgeräten!

So banal es klingen mag, gerade die alltäglichen Dinge im Haushalt spielen für die Wahrnehmungsförderung eine wichtige Rolle. Dazu gehören die Arbeiten, die wir, weil sie uns lästig sind, gern praktischen Geräten überlassen: der Küchenmaschine, dem Handmixer, der Spülmaschine, dem Staubsauger, der Waschmaschine. Keine Sorge, diese praktischen Helfer müssen Sie gewiss nicht aus Ihrem Haus verbannen. Versuchen Sie jedoch, so weit wie möglich auf sie zu verzichten, wenn Sie Ihr Kind zu kleinen häuslichen Aufgaben heranziehen.

Teig rühren

Wenn Sie das nächste Mal einen Teig rühren, zum Beispiel
für Pfannkuchen, lassen Sie Ihr Kind mithelfen. Der Handmixer bleibt schön in der Schublade, denn mit dem Schneebesen geht es fast genauso gut. Beziehen Sie Ihr Kind schon
in die Vorbereitung ein. Bitten Sie es, Rührschüssel, Schneebesen und alle Zutaten bereitzustellen. So lernt es, bei der
Planung und Ausführung eines Vorhabens systematisch
vorzugehen.

Jetzt geht es an die Zubereitung: Das Mehl wird in die
Schüssel geschüttet, dann kommen nach und nach Zucker,
Eier und Milch hinzu. Beim Aufschlagen der Eier brauchen kleinere Kinder vielleicht Hilfe, weil sie den Krafteinsatz noch nicht richtig dosieren können. Aber viel kann
ja nicht schief gehen! Nun muss der Teig gerührt werden.

*Das Arbeiten mit
Rührschüssel und
Schneebesen regt die
Sinne in vielfältiger
Weise an.*

73

Am Anfang geht das schwer, denn die Milch darf nur portionsweise zugegeben werden, damit der Teig nicht klumpt. Das nimmt die Muskeln ordentlich in Anspruch und Ihr Sprössling braucht vermutlich erneut Unterstützung. Stellen Sie sich am besten hinter das Kind und legen Sie Ihre Arme um seine Schultern, sofern ihm das angenehm ist. Das vermittelt ihm Sicherheit und wichtige Spürerfahrung. Dann umschließt Ihre Hand die seine, und gemeinsam rühren Sie in kreisenden Bewegungen den zähen Teig. Falls das Kind zu einseitigem Arbeiten neigt, das heißt eine Körperhälfte dabei gern außen vor lässt, halten Sie es um die Taille, damit es nicht zur Seite ausweicht. Das Kind soll die Rührschüssel mit der einen Hand so festhalten, dass sie sich genau vor seiner Körpermitte befindet. So arbeitet es beidhändig und überkreuzt beim Rühren die Körpermittellinie (Seite 46–47).

Teigrühren regt die Wahrnehmung in vielfältiger Weise an. Die Form und die Ausmaße der Rührschüssel vermitteln dem Kind eine räumliche Vorstellung. Der Krafteinsatz und die Bewegungen beim Eieraufschlagen und Umrühren üben die kinästhetische Wahrnehmung. Der koordinierte Einsatz der Arme (die Rührschüssel halten und gleichzeitig umrühren) trainiert die Körperkoordination und das Überkreuzen der Mittellinie. Die Berührungsreize beim Halten der Geräte und der Körperkontakt sprechen seine taktile Wahrnehmung an. Mit dem Sehsinn wird außerdem ständig die Konsistenz des Teiges überprüft. Und wetten, dass das Kind auch den Geschmackssinn nicht auslassen wird und mit dem Finger wenigstens einmal kosten möchte?

Geschirr abtrocknen, den Fußboden kehren

Ganz ähnlich verhält es sich mit dem Abtrocknen von Geschirr. Sie brauchen dazu nicht einmal auf die Spülmaschine zu verzichten. Bitten Sie Ihr Kind einfach, die Gegenstände herauszusuchen, die noch nicht ganz trocken sind, und mit dem Geschirrtuch gründlich nachzuarbeiten. Auch bei dieser Aufgabe werden mehrere Wahrnehmungsbereiche angesprochen: die taktil-kinästhetische Wahrnehmung, die Körperkoordination und das Überkreuzen der Körpermittellinie beim Halten und Abtrocknen des Geschirrs; die visuelle Wahrnehmung beim Aussortieren und Aufräumen.

Gut für das beidhändige Arbeiten und das Überkreuzen der Mittellinie ist auch die Aufgabe, den Fußboden zu kehren. Nachdem das Kind den Staub und die Krümel am Boden zu einem Häuflein zusammengekehrt hat, muss es gleichzeitig und koordiniert mit Kehrschaufel und Besen hantieren. Nebenbei wird die visuelle Aufmerksamkeit trainiert: Ist wirklich kein Schmutz liegen geblieben?

Das hab ich ganz allein geschafft!

Wer – wie ich leider auch – zu den Menschen gehört, die gern alles selber erledigen, damit es nur ja nach den eigenen Vorstellungen gelingt, dem möchte ich eine Empfehlung weitergeben, die ich als sehr nützlich kennen gelernt habe: Lassen Sie Ihr Kind sein Vorhaben ausführen und bieten Sie nur soweit nötig Hilfe an. Aber mischen Sie sich nicht weiter ein. Wenn Ihnen das schwer fällt – verlassen Sie lieber den Raum!

Diesen Rat erhielt ich, als unser Sohn Robert noch nicht ganz sechs Jahre alt war. Es war gerade Vorweihnachtszeit und Robert wollte zum ersten Mal allein Plätzchen backen.

Meine Zweifel niederkämpfend suchte und fand ich in einem Kochbuch für Kinder ein einfaches Rezept für Butterplätzchen. Robert konnte schon lesen und hatte keine Mühe, die großzügig bebilderte Schritt-für-Schritt-Anleitung zu verstehen. Ganz kribbelig wurde mir allerdings, als er sich daran machte, die Zutaten – Butter, Mehl und Zucker – abzumessen, zu mischen und zu einem Teig zu verarbeiten. Auf der Tischplatte stob das Mehl in alle Richtungen auseinander. Robert schüttelte sich beim Kneten ständig die Hände aus, weil ihm der klebrige Teig an den Fingern unangenehm war. Als ich schließlich nicht mehr zusehen konnte, hauchte ich mit letzter Beherrschung „Ruf mich, wenn du mich brauchst!" und verließ eiligst die Küche. Einige Zeit später kam ich zurück – mein Sohn hatte keinen Laut von sich gegeben. Beim Anblick der Küche blieb mir erst einmal die Luft weg: Überall an den Möbeln und am Fußboden klebten Teigspritzer. Mein Sprössling sah aus, als hätte man ihn in Mehl gewendet. Aber der Teig war restlos verarbeitet und die Plätzchen lagen – etwas deformiert zwar, doch ansonsten in sauberer Anordnung – auf dem Backblech. Die strahlenden Augen meines Sohnes aber werde ich nie vergessen, mit denen er mir stolz bedeutete: „Siehst du, ich kann es allein!"

Kleine Hände, große Hilfe

Selbstverständlich muss man sich nicht ständig dem Stress solcher Einzelaktionen aussetzen, um seinem Kind das nötige Selbstwertgefühl zu vermitteln. Oft liegt der Fall ja genau umgekehrt: Das Kind stößt bei seiner Tätigkeit an seine Grenzen und braucht Hilfe. Die sollte man ihm ruhig gewähren, damit es nicht völlig frustriert wird. Ein goldener Mittelweg besteht darin, dem Nachwuchs eine Teilaufgabe zur selbstständigen Erledigung zu übertragen und den anderen Teil selber zu erledigen. Oder aber man bittet das Kind bei einer bestimmten Aufgabe um seine Mithilfe. Auch das stärkt sein Selbstbewusstsein. Es bekommt die Bestätigung, dass es etwas leistet und zum häuslichen Zusammenleben beiträgt. Selbst wenn ihm die Aufgabe nicht auf Anhieb genehm sein sollte: Bestimmt wird am Ende sein Stolz auf die vollbrachte Leistung überwiegen. Um anfängliches Widerstreben aufzufangen, appelliert man am besten an die Verantwortung seines Sprösslings. Zum Beispiel so: „Ich habe da eine Aufgabe, die ist ganz schön schwierig. Kannst du mir dabei helfen?" Oder: „Hier ist etwas zu erledigen, das schaffen nur so große Kinder, wie du es bist."

Socken sortieren

Wenn Sie das nächste Mal die frisch gewaschenen Socken von der Leine nehmen, bitten Sie Ihren Nachwuchs, Ihnen beim Sortieren und Zusammenlegen zu helfen. Diese Aufgabe stellt vielfache Ansprüche an seine Wahrnehmung und Geschicklichkeit. Um Paare zu finden, muss das Kind die Socken nach Größe, Farbe und Muster unterscheiden. Beim Zusammenlegen bekommt es eine Vorstellung: Wie muss ich die Socken übereinander legen, damit sie deckungsgleich sind? Nicht zuletzt wird seine visuo-motorische Wahrnehmung angesprochen: Sie führen Ihrem Nachwuchs vor, wie man die Socken zusammenstülpt, und das Kind versucht, es richtig nachzumachen.

Tisch decken

Tischdecken ist die ideale Aufgabe, mit der man ein Kind schon vom frühesten Alter an zum Mithelfen im Haushalt

motivieren kann. Nachdem es anfangs nur ein paar ausgewählte Sachen zum Tisch getragen hat, wächst im Lauf der
Zeit seine Verantwortung, bis es die Aufgabe völlig selbstständig ausführen kann. Es braucht dann nur noch die nötigen Informationen: „Heute sind wir zu viert beim Mittag-
essen. Es gibt gebratenen Fisch mit Reis und Salat und als
Nachtisch einen Früchtequark." Das gibt dem Kind die er-
forderlichen Hinweise, wie es den Tisch decken soll: Wie
viele und welche Teller, Schüsseln, Gläser und Bestecktei-
le sind aufzulegen? So bekommt es eine Mengenvorstellung.
Größeren Kindern zeigt man bei Gelegenheit, wie Geschirr,
Besteck und Servietten an jedem Platz richtig arrangiert
werden. Damit üben sie ihre visuelle Wahrnehmung und
entwickeln einen Sinn für schöne Gestaltung. Diese Kennt-
nisse werden Kinder mit Stolz zu nutzen wissen, wenn
einmal Gäste geladen sind und sie bei der Vorbereitung
mithelfen dürfen. Zu bestimmten Anlässen, beispielsweise zum Kindergeburtstag, kann man eine feinmotorische
Übung damit verbinden. Man lässt das Kind Tischkärtchen
oder Tischsets basteln, die es für jeden Gast mit einem
eigenen Motiv verziert.

Lasten tragen

Wenn man Gäste hat, reichen manchmal die Plätze am Ess-
tisch nicht aus – dann müssen Möbel auf- und umgestellt
werden. Lassen Sie auch hier Ihr Kind mit Hand anlegen.
Das Tragen von Lasten trainiert seine Muskeln und vermittelt ihm wichtige Körpererfahrungen.

Auch bei vielen anderen Gelegenheiten können Sie Ihren Sprössling als Lastenträger einspannen: Beim Einkau-
fen überlassen Sie ihm eine Tasche, beim Wandern einen
Rucksack. Keine Sorge, das Kind wird sich schon melden,
wenn ihm die Last zu schwer wird!

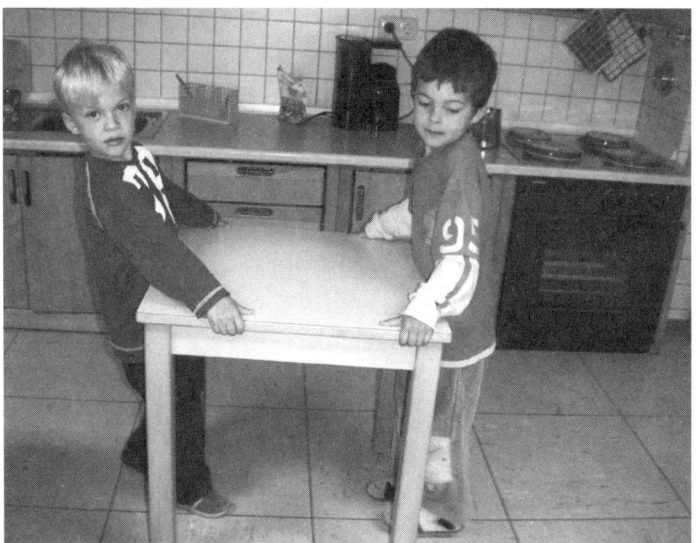

*Lastentragen ist ein gutes Training für die Körper-
wahrnehmung.*

Experimente in der Badewanne

Gewiss sollte man ein drei- oder vierjähriges Kind noch
nicht unbeaufsichtigt in der Wanne baden lassen. Trotzdem darf man schon einem Kleinkind eine gewisse Selbst-
ständigkeit bei der Körperpflege zutrauen, indem man ihm
zeigt, wie es mit Waschlappen und Seife umgehen soll.
Grobporige Schwämme sind für die Körperpflege noch
besser geeignet – lässt es sich mit ihnen doch ausgezeich-
net experimentieren. Überhaupt bietet das Baderitual Kindern eine tolle Gelegenheit, ihren Forscherdrang auszuleben. Wasser regt alle Sinne an und vermittelt ein wohliges
Gefühl von Wärme und Geborgenheit. Und während das
Kind – mit Plastikeimern, Sandspielzeug und Gießkanne
ausgerüstet – physikalische Beobachtungen anstellt, macht

es nebenbei wichtige Körpererfahrungen. Statt gewöhnlicher Seife kann man einen Topf mit Malseife an den Wannenrand stellen. Damit bemalt das Kind seinen Körper und wäscht ihn danach ab. Das vermittelt ihm wertvolle Fühlreize. Neuerdings gibt es sogar Seifenknete in verschiedenen Farben zu kaufen. Die hält man kurz unters Wasser und formt wie mit normaler Knete Figuren damit.

Nach dem Baden wird das Kind in ein großes Frotteetuch gewickelt und am ganzen Körper gründlich abgerubbelt. Dies und das anschließende Eincremen bieten ihm erneut wichtige Spürerfahrungen. Währenddessen darf das Kind die einzelnen Körperteile benennen; das gibt ihm Gelegenheit, seinen Körper noch besser kennen zu lernen.

Das Kinderzimmer – richtig ausgestattet

Bewegung ist, wie schon gesagt, eine wesentliche Voraussetzung für jegliches Lernen. Mehr Bewegungsmöglichkeiten für Kinder fordert daher die Sportpädagogikdozentin Renate Zimmer in ihrem Elternratgeber „Schafft die Stühle ab". Darin leitet sie Eltern an, dem Bewegungsdrang ihrer Kinder entgegenzukommen, anstatt ihnen die Zwänge unserer „Sitzgesellschaft" aufzuerlegen. Das fängt schon bei der Einrichtung des Kinderzimmers an. Starre Sitzmöbel sollten zumindest aus diesem Raum verbannt werden. Sind doch Kinder ohnehin viel zu oft zum Stillsitzen verdonnert. Viel besser sind Polster und Kissen zum Hüpfen und Springen, Matratzen und Schaumstoff zum Purzeln und Toben. Mit Laken, Decken und Schaumstoffteilen lässt sich eine gemütliche Kuschelhöhle einrichten, deren warme, dunkle Enge der ideale Rückzugsort für überreizte Gemüter ist. Solche Einrichtungselemente bieten außerdem den Vorteil, dass man das Kinderzimmer jederzeit umgestalten kann. Derart ausgestattet hat der Sprössling die besten Voraussetzungen, zumindest in seinem eigenen kleinen Reich seinen Bewegungsdrang und seine Kreativität auszuleben.

In der Hängematte entspannen

Hängematten und Hängesessel vermitteln Kindern ein wunderbares Gefühl von Geborgenheit und Getragensein, von Ruhe und Entspannung. Der Unterschied zwischen beiden: Eine Hängematte wird an zwei Enden aufgehängt, beispielsweise zwischen zwei Pfosten oder im Freien zwischen zwei Bäume gespannt. Sie erfordert also relativ viel Platz. Ein Hängesessel dagegen wird senkrecht an einem Ende aufgehängt, die Matte ist darunter an zwei Enden eines Querbalkens fixiert. Durch diese Ein-Punkt-Aufhängung schaukelt der Hängesessel nicht wie die Hängematte hin und her, sondern schwenkt in alle Richtungen aus. Der Nachteil: Für Menschen mit einem schlecht ausgebildeten Gleichgewichtssinn sind diese Schaukelbewegungen nicht sonderlich gut verträglich; es wird ihnen dabei schnell übel. Deshalb sollte man den Hängesessel dann besser an zwei Seilen aufhängen, so dass nur ein Vor- und Zurückschaukeln möglich ist.

Diese Empfehlung hat noch einen anderen Grund: In der Hängematte erlernt das Kind das eigenständige, koordinierte Schaukeln im Handumdrehen – viel leichter als auf einer gewöhnlichen Spielplatzschaukel. Voraussetzung ist, dass es mit der Längsachse seines Körpers parallel zur Schaukelrichtung liegt und vom Stoff der Matte fest umschlossen wird. So hat es eine stabile Unterlage, die ihm Halt und Spürinformationen vermittelt. Darin besteht der entscheidende Unterschied zur normalen Spielplatzschaukel, wo das Kind durch den freien Raum um seinen Körper

Fest umschlossen vom Stoff der Matte erfährt das Kind Halt und Geborgenheit.

herum keine Spürerfahrung machen kann. Die Verarbeitung der Spürerfahrung im Gehirn ist indes eine wichtige Voraussetzung dafür, dass der Impuls zur koordinierten Bewegung kommen kann.

Auf dem Trampolin hüpfen

Wenn im Kinderzimmer genügend Platz ist, bietet es sich an, ein kleines Trampolin dort aufzustellen. Trampolinspringen macht Kindern nicht nur großen Spaß, es ist auch hervorragend geeignet, die taktil-kinästhetische Wahrnehmung zu üben. Allerdings sollten Sie Unfallgefahren so weit wie möglich ausschließen. Rund um das Trampolin sollte genügend Platz und der Boden nicht zu hart sein, damit sich das Kind, falls es herausfällt, nicht an einem harten, spitzen oder kantigen Gegenstand verletzt.

Falls Ihr Kind Probleme mit dem Gleichgewichtssinn hat, wird es vermutlich Scheu haben, gleich auf dem Trampolin zu hüpfen. Möglicherweise wird ihm dabei übel. Dann sollten Sie es auf keinen Fall zum Hüpfen drängen. Sie können ihm aber helfen, sich mit dem Gerät vertraut zu machen. Laden Sie es ein, sich erst einmal auf das Trampolin zu setzen. Dann stellen Sie sich selbst darauf und beginnen – sofern Ihr Kind einverstanden ist – ganz sanft zu hüpfen. So versetzen Sie es in eine leichte Schaukelbewegung. Wenn ihm das angenehm ist, lassen Sie Ihr Kind barfuß über das Trampolin *gehen* und achten darauf, dass es mit den Füßen immer gut abrollt. Das spricht nicht nur den Gleichgewichtssinn, sondern auch die taktile Wahrnehmung an. Hat das Kind schließlich genügend Vertrauen geschöpft und fühlt sich auf dem Trampolin wohl, wird es von selber zu hüpfen beginnen.

Zimmer aufräumen

In welcher Familie ist dies nicht der strittige Punkt, an dem sich ständig die Gemüter erhitzen: „Nun räum endlich dein Zimmer auf!" Erst recht bei Kindern mit Wahrnehmungsproblemen. Sie neigen besonders dazu, Spielzeugkisten wahllos auszuleeren. Und die Eltern schlagen die Hände über dem Kopf zusammen, wenn sie das Chaos am Boden erblicken. Der strenge Befehl „Das räumst du alles wieder ein!" nützt allerdings herzlich wenig. Das Kind hat in dem heillosen Durcheinander längst den Überblick verloren. Helfen Sie ihm, Ordnung zu schaffen. Liegen nur Dinge aus einer einzigen Spielkiste am Boden herum, dürfte das kein Problem sein. Sie drücken Ihrem Sprössling einfach einen Karton oder ein Brett in die Hand und lassen ihn alle Sachen wie mit einer Raupe auf einen Haufen zusammenschieben. Dann ist es nicht mehr schwierig, alles wieder in die Kiste zu schippen. Liegen Spielsachen aus mehreren Kisten verstreut durcheinander, können Sie und Ihr Nachwuchs sich die Aufräumarbeit teilen. Zum Beispiel so: „Such du die Autos zusammen, ich übernehme die Legosteine." Wenn das erledigt ist, geht es weiter: „Jetzt hebst du alle Tiere auf und ich suche die Playmobilfiguren zusammen." So hat das Kind die Möglichkeit, sich bei jedem Arbeitsschritt auf eine Kategorie zu konzentrieren, und gewinnt neuen Überblick.

Zu viel Ablenkung schadet

Mit den Bergen an Spielsachen hat es eine weitere Bewandtnis. Wenn Eltern und Verwandte es mit dem Schenken allzu gut meinen, kann das trotz bester Absichten unerwünschte Effekte haben: Die Spielzeugkisten quellen über, die Regale biegen sich – und das Kind weiß nicht mehr, wonach es zuerst greifen soll.

Ein Überangebot an Spielsachen raubt Kindern oft den Überblick.

Sollte es Ihrem Nachwuchs ähnlich ergehen, schaffen Sie Abhilfe. Sortieren Sie gemeinsam mit ihm die Spielsachen aus, die im Augenblick nicht gebraucht werden, und verwahren Sie sie außer Sichtweite. Das nimmt Ihrem Sprössling die ständige Qual der Wahl und erleichtert es ihm, sich mit Geduld und Hingabe *einer* Sache zu widmen. Für das spätere Schulkind ist das eine wichtige Voraussetzung, um konzentriert und ausdauernd lernen zu können. Haben Sie die Befürchtung, dass Ihr Sprössling sich langweilen könnte, wenn er zu wenig Ablenkung hat? Seien Sie beruhigt: Das darf getrost passieren! Für das seelische Gleichgewicht des Kindes ist es sehr wichtig, immer wieder Pausen einzulegen. Gönnen Sie ihm solche Momente der Ruhe, in denen es nur daliegt, Löcher in die Luft starrt und mit Hingabe in der Nase bohrt. Vermutlich sind gerade das die Quellen, aus denen es Antrieb und Kreativität für neue Entwicklungsschritte schöpft. Ständige Ablenkung ist jedenfalls nicht ratsam. Viele Kinder haben zum Beispiel die Vorliebe, beim Spielen ständig eine Hörspielkassette oder eine CD laufen zu lassen. So etwas sollte nicht zur Gewohnheit werden. Das Kind kann sich nicht gleichzeitig auf ein Spiel und eine Erzählung konzentrieren. Es sollte sich folglich entscheiden: entweder das eine oder das andere.

Was das leidige Thema Fernsehen und Computerspiele betrifft: Diese Geräte haben im Kinderzimmer nichts zu suchen. Sonst ist man auf verlorenem Posten, wenn es um eine sinnvolle Regelung von Fernseh- und Computerzeiten geht. Kaum ein Kind dürfte von sich aus so vernünftig sein, sich in dieser Angelegenheit selbst Disziplin aufzuerlegen. Versuchen Sie daher, gemeinsam mit Ihrem Kind eine Regelung zu finden, die für beide Seiten akzeptabel ist. Achten Sie strikt darauf, dass es sich an die Vereinbarung hält. Das mag mitunter Nerven kosten, weil Kinder häufig versuchen, durch Bitten und Hinauszögern die vereinbarte Regelung aufzuweichen. Doch bedenken Sie: Reizüberflutung kann gerade bei Kindern mit Wahrnehmungsproblemen zu Konzentrations- und Lernstörungen führen. Unterhalten Sie sich jedes Mal nach Ablauf der Fernsehzeit mit Ihrem Nachwuchs über den Inhalt der Sendung. So helfen Sie ihm, das Gesehene zu verarbeiten, es einzuordnen und einen Bezug zur Realität herzustellen: Wie geht es in der Wirklichkeit zu? Welche Bedeutung hat das für unser Leben?

Klare Grenzen setzen

Dem Nachwuchs liebevoll, aber bestimmt Grenzen zu setzen ist nicht nur wichtig, wenn es um eine vernünftige Fernsehregelung geht. Kinder mit Wahrnehmungsstörungen brauchen mehr als andere klare Regeln und feste, überschaubare Strukturen. Schlägt das Kind über die Stränge, sollte man das nicht einfach ignorieren, sondern ihm deutlich seine Grenzen aufzeigen. Sonst lernt es nicht, sich außerhalb der eigenen vier Wände angemessen zu verhalten, und handelt sich nichts als Ärger und Vorwürfe ein – die es nur immer stärker verunsichern. Grenzen setzen heißt somit nichts anderes als Sicherheit geben.

Gute Tischmanieren – alle machen mit

Kommen wir noch einmal auf das Restaurantbeispiel in der Einleitung zurück. Kinder, deren taktil-kinästhetische Wahrnehmung irritiert ist, haben vielfach Probleme, sich bei den Mahlzeiten ordentlich zu benehmen, und fallen dadurch unangenehm auf. Aber wie setzt man ihnen Grenzen, wenn sie doch alle noch so gut gemeinten Ermahnungen einfach in den Wind schlagen?

Auch wir mussten als Eltern des Öfteren feststellen, dass die Tischmanieren unserer Sprösslinge zu wünschen übrig ließen. Der ständigen Ermahnungen müde, kam uns eines Tages die Idee: Wir würden Noten für Tischmanieren vergeben. Gesagt, getan. Eine Woche lang wurde bei jedem Abendessen mit Adlerblick registriert: Wer kommt zu spät zu Tisch? Wer fängt vorzeitig an? Wer kleckert, schlürft oder schmatzt? Wer steht unerlaubt auf? Wohlgemerkt, jeder musste jeden beurteilen – einschließlich sich selber! Nicht nur das, jede Benotung musste sorgfältig begründet werden. Zensur nach reiner Willkür war strikt untersagt. Alle Bewertungen wurden anschließend in einer Tabelle vermerkt und am Ende der Woche standen die Ergebnisse fest.

Kaum zu glauben, aber wir amüsierten uns köstlich! Vor allem unsere Kinder hatten einen Riesenspaß. Durften sie doch auch einmal ihren Eltern auf die Finger schauen, die sich zu ihrem größten Vergnügen tatsächlich nicht immer als tadellose Vorbilder erwiesen. „Tja, Papa, du hast einen Soßenfleck auf deinem Hemd. Da kann ich dir leider keine Eins geben." – „Mama, schau mal, was da neben deinem Teller liegt!" Am Ende der Woche hatten alle etwas dazugelernt. Ich will nicht verhelen, dass schon einige Wochen später bei den Mahlzeiten ein rapider Sittenverfall einsetzte. Aber jetzt konnten wir es lockerer nehmen. Unseren Kindern war sehr wohl bewusst geworden, worauf es bei Tisch ankommt – und im Restaurant gab es fortan keinen Ärger mehr.

Kirschsteinsäckchen und Fußmassageroller

Die ständige Ermahnung „Sitz ordentlich!" kann man sich eventuell auch sparen, wenn man ein Kirschsteinsäckchen als Sitzkissen verwendet. Zwar spricht nicht jedes Kind auf solche Fühlreize an. Bei manchen Kindern, die Probleme mit ihrer Körperwahrnehmung haben, zeigt sich jedoch eine verblüffende Wirkung: Mit einem Schlag hat das ewige Hin- und Herruckeln auf dem Stuhl ein Ende. Denn das Kirschsteinsäckchen erfüllt genau den gleichen Zweck wie das Wetzen auf dem Po – dass das Kind sich besser spüren kann. Eine ähnliche Wirkung erzielt ein Fußmassageroller. Wenn das Kind zum Essen oder später zu den Hausaufgaben seine Schuhe auszieht und beide Füße auf den Massageroller setzt, holt es sich die nötigen Fühlreize ganz nebenbei. So kann es sich leichter auf seine Tätigkeit konzentrieren und seelisch stabilisieren.

Kirschsteinsäckchen und Fußmassageroller sind im Fachhandel, bei Naturwaren-Versandhäusern oder eventuell im Drogeriemarkt erhältlich. Ein Kirschsteinsäckchen lässt sich aber auch leicht selbst herstellen. Man sammelt eine Schüssel voll Kirschkerne, säubert sie von Fruchtres-

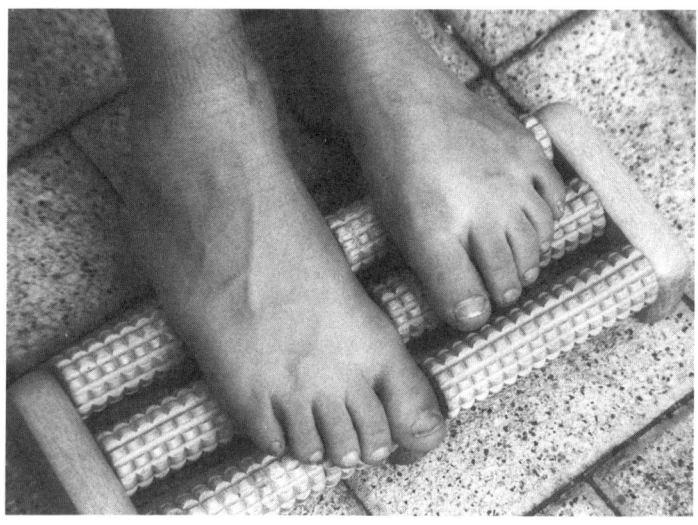

Der Fußmassageroller vermittelt angenehme Fühlreize.

ten und lässt sie bei etwa 50 Grad im Backofen trocknen. Dann füllt man einen kleinen Kissenbezug (ca. 25 × 25 Zentimeter Größe) damit.

Nicht reden, sondern handeln

Aus den vorangegangenen Beispielen dürfte deutlich geworden sein, dass ein Kind mehr als nur verbale Anweisungen braucht, damit es lernen und sich weiterentwickeln kann. Es braucht Führung und praktische Anleitung. Kinder mit Wahrnehmungsstörungen – insbesondere einer Störung der auditiven Wahrnehmung – haben ohnehin größere Schwierigkeiten als andere, Gehörtes richtig umzusetzen. Wer daher ohne Punkt und Komma auf sein Kind einredet, wird es kaum zu angemessenem Handeln bewegen können. Die Folge ist höchstens, dass es zappelig oder bockig wird – oder sich einfach die Ohren zuhält. Wenn Sie Ihrem Kind etwas Neues beibringen möchten, achten Sie vor allem auf Folgendes:

- Sprechen Sie langsam und deutlich, setzen Sie Pausen und wiederholen Sie wichtige Sätze. So hat Ihr Sprössling genügend Zeit, den Sinn des Gesagten zu erfassen und richtig umzusetzen.
- Nehmen Sie regelmäßig Blickkontakt auf. Dann entgeht es Ihnen nicht so leicht, wenn das Kind etwas nicht verstanden hat.
- Besonders wichtig ist der Körperkontakt – vorausgesetzt, dass Ihr Nachwuchs ihn zulassen kann. Indem Sie das Kind halten und seine Bewegungen führen, helfen Sie ihm, Bewegungsabläufe besser zu verinnerlichen.

5. Kapitel

Komm, wir wollen spielen!

Bevor es nun zu den Spielen und Übungen geht, sind noch einige offene Fragen zu klären, die vermutlich einigen Eltern durch den Kopf gehen: Wie geht man es am besten an, sein Kind zu Hause selber zu fördern? Kann man dabei etwas falsch machen? Worauf muss man besonders achten?

Gute Voraussetzungen schaffen

Zunächst einmal: Kein unnötiger Stress! Eltern sollten an ihr Vorhaben nicht mit dem falschen Ehrgeiz herangehen, einen Therapeuten ersetzen zu müssen. Das ist nicht ihre Aufgabe. Wenn das Kind eine Therapie braucht, sollte es sie nach Möglichkeit bekommen (Seite 174–183). Ideal wäre es jedoch, wenn sich die Eltern in ihrer Vorgehensweise regelmäßig mit dem Therapeuten abstimmen. Das gibt ihnen die Sicherheit, nichts falsch zu machen. Ist das Kind dagegen in keiner Therapie und kann man auf keine fachliche Anleitung zurückgreifen, ist vor allem eins zu bedenken: Es hat für das Kind wenig Nutzen, wenn man nur an seinen Defiziten herumdoktert. Es macht auch kaum Sinn, bestimmte Wahrnehmungsbereiche isoliert zu trainieren. Wenn das Kind beispielsweise Probleme mit der Hörwahrnehmung hat, ist es zwar durchaus nützlich, den Schwerpunkt auf auditive Wahrnehmungsübungen zu legen. Man sollte jedoch – im Hinblick auf das Zusam-

menspiel der Sinne – die anderen Bereiche nicht völlig
außen vor lassen.

Wie oft, wie lange, wann?

Diese Fragen sollten gar nicht erst im Vordergrund stehen.
Es geht schließlich darum, mit dem Kind zu spielen und
nicht eine Therapie-Einheit abzuarbeiten. Bringen Sie einfach Ihre Ideen vor und warten Sie ab, wie Ihr Nachwuchs
darauf reagiert. Etwa so: „Komm mal, mir ist was eingefal-
len. Lass dich auf dieser Decke ein bisschen durch die Ge-
gend ziehen …" (Seite 112). Übungen wie diese lassen sich
auch als schönes Ritual in den Alltag einbauen. Zum Beispiel zum Schlafengehen: Das Kind setzt sich auf die
Decke und – tschu-tschu-tschu – fährt der Zug über viele
Kurven und Umwege ab in Richtung Endstation (Bett).
Wenn die Eltern sich als Spielpartner verstehen und nicht
als Therapeuten, wird das Problem gar nicht erst auftau-
chen, mit dem gerade Therapeuten bisweilen zu kämpfen
haben: ein widerstrebendes Kind zum Mitmachen bewegen zu müssen.

Und wenn das Kind sich trotzdem sträubt?

Manchmal hat es ganz banale Gründe, wenn das Kind eine
Spielanregung ablehnt. Es kann zum Beispiel sein, dass
es Hunger oder Durst hat. Einigen Kindern merkt man das
sofort an, weil sie sich sehr reizbar und launisch gebär-
den. Bei anderen erkennt man das nicht auf Anhieb. Umso wichtiger ist es, dass die Eltern an diese Möglichkeit
denken. Doch auch wenn die Voraussetzungen stimmen,
kommt es vor, dass sich ein Kind mit Händen und Füßen

gegen eine Übung wehrt. Woran mag das liegen und was kann man tun?

Ein möglicher Grund ist, dass Kinder, genauso wie Erwachsene, ihre Defizite nicht gern eingestehen und versuchen, sie zu überspielen. Wenn die Eltern nun gnadenlos auf den Schwächen ihres Kindes herumreiten, drängen sie es geradezu in eine Verweigerungs- und Verleugnungstaktik. Wenn sie mit der Einstellung herangehen „Das müssen wir jetzt üben, bis es sitzt", dürfen sie sich nicht wundern, dass ihr Kind nicht mitmachen will. Nicht korrigieren, sondern motivieren – so könnte das Motto für eine sinnvolle Vorgehensweise lauten. Am besten, man nimmt die Wahrnehmungsübungen als das, was sie sind: nämlich Spiel und nicht Drill. Eltern sollten sich auch selbst nicht zu Übungen zwingen, die ihnen nicht liegen, bloß weil sie sich davon den größten therapeutischen Nutzen für das Kind versprechen. Wenn man nicht zu den hingebungsvollen Bastlern gehört, warum sollte man sich – und damit auch das Kind! – mit Bastelarbeiten quälen?

Wichtig ist nicht zuletzt, dem Kind zwischendurch ein Lob auszusprechen. Es muss aber ehrlich gemeint sein. Kinder merken sofort, wenn ein Lob nur den Zweck hat, eine gewünschte Reaktion hervorzurufen – nämlich sie zum Weitermachen zu bewegen. Sie spüren selbst, wie gut oder schlecht ihnen ein Vorhaben gelungen ist, und brauchen von den Eltern nur eine Bestätigung für ihre Einschätzung.

Der Spaß soll nicht zu kurz kommen

Die Sportpädagogikdozentin Renate Zimmer tritt in ihrem „Handbuch der Bewegungserziehung" für eine lustvolle Wahrnehmungsförderung ein:

„Die Förderung der Wahrnehmungsfähigkeit ist nicht mit starren Lernprogrammen im Sinne eines ‚Trimm dich' für die Sinne zu erreichen. Sensorische Erfahrungen sind am wirksamsten, wenn Kinder selbst aktiv werden können, wenn sie selbst tätig sein dürfen. Kinder lieben ‚sensorische Sensationen' – nicht, weil damit ihre Gehirnfunktionen trainiert werden, sondern weil es schön, lustvoll und spannend ist zu springen, zu schaukeln, sich zu drehen." (Zimmer 1998, S. 81)

Gestalten Sie das tägliche Spielangebot für Ihr Kind möglichst abwechslungsreich. Bewegungs- und Tobespiele sollten ebenso dabei sein wie ruhige Sequenzen, in denen Ihr Nachwuchs entspannen und loslassen kann. Das Spielangebot sollte auf die augenblickliche Verfassung und Stimmung des Kindes abgestimmt sein. Setzen Sie ihm nicht etwas Festgelegtes vor, sondern holen Sie es da ab, wo es im Augenblick steht. Wichtig ist außerdem, dass das Kind ausreichend Gelegenheit hat, ein einzelnes Spiel oder eine Übung zu wiederholen – sofern es das möchte. So werden Sinneserlebnisse und Sinneserfahrungen vertieft. Wenn das Spiel Spaß macht, braucht man sich über die Frage „Wie oft und wie lange?" jedenfalls nicht den Kopf zu zerbrechen. Das Kind wird von sich aus auf einer Wiederholung bestehen. Das gibt ihm Gelegenheit, die neue Erfahrung und das damit verbundene Erfolgserlebnis auszukosten.

6. Kapitel

Ich und du – Förderspiele zu zweit

In diesem Kapitel sind Spiele zur Wahrnehmungsförderung zusammengestellt, die man wunderbar zu zweit spielen kann: Mutter oder Vater zusammen mit dem Kind. Die meisten lassen sich bei Bedarf auch problemlos auf mehrere Teilnehmer ausweiten. Alle Spiele eignen sich, soweit nicht anders angegeben, schon für kleine Kinder ab drei bis vier Jahren; sie machen jedoch auch den Größeren Spaß.

Für diese Auswahl gab es mehrere Gründe: Zum einen werden Wahrnehmungsstörungen manchmal schon bei Drei- und Vierjährigen festgestellt. Wenn Eltern diese Tatsache erst einmal realisiert und akzeptiert haben, verspüren sie meistens das Bedürfnis, verstärkt etwas für die Förderung ihres Kindes zu tun. Diese Spiele bieten ihnen dazu eine Möglichkeit. Doch selbst für Größere hat das Spielangebot seinen Reiz. Wie gesagt, die Spiele sind so ausgewählt, dass sie auch ältere Kinder ansprechen und motivieren können. Sind dann noch jüngere Geschwister da, die einbezogen werden wollen, ist es günstig, wenn die Anforderungen nicht zu hoch sind. Zum anderen habe ich für dieses und die folgenden Kapitel bewusst Wahrnehmungsspiele ausgewählt, die sich mühelos variieren lassen: Mit nur kleinen Abwandlungen, zum Beispiel was das Material oder den Schwierigkeitsgrad betrifft, kann man die meisten Spiele optimal einer veränderten Teilnehmerzahl oder Altersstufe anpassen.

Nicht zuletzt dient das Spielangebot als Anregung zum Weitermachen. Wenn Sie das eine oder andere Spiel mit Ihrem Sprössling ausprobieren, werden Ihnen sicher von selbst weitere Ideen kommen. Vielleicht erinnern Sie sich an ein hübsches Spiel, das Sie im Kindergarten oder bei einer Geburtstagsfeier beobachtet haben, oder Ihnen fällt plötzlich etwas gänzlich Neues ein. Lassen Sie Ihrer Phantasie freien Lauf!

Sehen und Hören

Spiele zur visuellen Wahrnehmung machen deutlich, welche ganz besonderen Fähigkeiten unsere Augen besitzen (Seite 28): Formen und Gestalten zu erkennen, sie nach verschiedenen Gesichtspunkten wie Größe, Farbe oder Helligkeit zu unterscheiden und Dinge im Bezug zum Raum wahrzunehmen. Das Kind lernt, genau zu beobachten und zu unterscheiden, es verbessert sein Konzentrations- und Vorstellungsvermögen, seine Interpretations- und Merkfähigkeit. Spiele zur auditiven Wahrnehmung haben ebenfalls vielfältige Lerneffekte. Sie verbessern verschiedene auditive Fähigkeiten, wie zum Beispiel die auditive Figur-Grund-Wahrnehmung, die Lautunterscheidung, das Identifizieren und Lokalisieren von Geräuschen, das Bewegungs- und Richtungshören oder das Erkennen und Umsetzen von Rhythmen und auditiven Signalen (Seite 30–31). Nicht zuletzt regen sie das Sprechen an.

Bilder-Kim

Das Kind bekommt ein großes, ansprechendes Bild oder eine bebilderte Seite eines Kinderbuches vorgelegt. Es hat zwei bis drei Minuten Zeit, sich das Bild genau anzusehen.

Dann wird das Bild umgedreht. Das Kind soll nun alle Einzelheiten beschreiben, die es auf dem Bild gesehen und sich gemerkt hat.

Bilderrätsel

Bestimmt hat jeder schon einmal über einem solchen Bild gegrübelt: Da ist ein stark vergrößertes Objekt nur im Ausschnitt dargestellt, und der Betrachter soll herausfinden, um welches Motiv es sich handelt – zum Beispiel um eine Frucht, ein Werkzeug oder ein Tier.

Solche Bilderrätsel lassen sich ganz leicht selbst herstellen. Man braucht dazu nur ein Fensterkuvert, am besten in Größe DIN A 4, und geeignete Fotos oder Zeitschriftenausschnitte. Schieben Sie die Bilder nun eines nach dem anderen in den Umschlag, so dass man nur noch einen Teil

Wer erkennt den Gepard? Dieses Bilderrätsel stellt hohe Ansprüche an die visuelle Wahrnehmung.

der Abbildung im Fenster sehen kann. Errät Ihr Sprössling, was auf dem Bild dargestellt ist?

Der Einäugige

Lassen Sie Ihr Kind einmal erleben, wie es ist, wenn man nur mit einem Auge sieht. Decken Sie ihm ein Auge zu, etwa mit einer Piratenklappe aus der Faschingskiste, und stellen Sie ihm verschiedene Aufgaben: Es soll Mosaiksteine in ein Bild einsetzen, Perlen auf eine Kette fädeln oder ein Glas Wasser eingießen. Sprechen Sie mit Ihrem Kind danach über die neue Erfahrung: Warum sind diese Aufgaben mit einem Auge viel schwerer zu erfüllen als mit zwei? Erklären Sie mit einfachen Worten, dass man nur mit beiden Augen räumlich sehen und Entfernungen richtig einschätzen kann (Seite 27).

Sachen suchen

Egal ob zu Hause oder unterwegs: Das folgende Spiel lässt sich überall leicht durchführen. Man braucht dazu nicht einmal bestimmte Materialien vorzubereiten; denn das Spiel besteht ja gerade darin, sie zu suchen. Das Kind erhält den Auftrag, sich in der Umgebung nach Gegenständen mit den folgenden Eigenschaften umzusehen:

- etwas Weiches
- etwas Spitzes
- etwas Glänzendes
- etwas Hölzernes ...

Dieses Spiel schärft nicht nur die Sehwahrnehmung, es zaubert auch im Handumdrehen gute Laune herbei – zum Beispiel, wenn es dem Nachwuchs beim Sonntagsspaziergang langweilig werden sollte.

Anfangslaute

Auch hier geht es um eine Suche nach Gegenständen, und zwar solchen, die alle mit demselben Laut beginnen. Dazu braucht man ein Bild oder Bilderbuch. Für höhere Ansprüche eignen sich besonders so genannte Wimmelbilder, auf denen viele Personen und Gegenstände dargestellt sind. Die Aufgabe lautet: „Suche auf diesem Bild alle Personen und Gegenstände, die mit einem A (oder einem beliebigen anderen Laut) anfangen." Hinterher wird kontrolliert: Wie viele Dinge hat das Kind entdeckt – und wie viele übersehen?

Hier stimmt was nicht!

Bei der folgenden Aufgabe darf das Kind Detektiv spielen. Es soll durch Beobachten und genaues Hinsehen herausfinden, welcher Gegenstand am falschen Platz ist. Während das Kind draußen vor der Tür wartet, nimmt man einen Gegenstand im Raum und stellt ihn an einen ungewöhnlichen Platz: zum Beispiel eine Topfpflanze in die Glasvitrine oder einen Kochlöffel in die Tulpenvase. Wenn das Kind hereinkommt, soll es sich auf die Suche machen. Findet es den „verrückten" Gegenstand?

Kalt, wärmer, heiß

Aufmerksam zuhören und genau hinsehen sind die beiden Voraussetzungen, um bei diesem Spiel erfolgreich zu sein. Wenn es erst einmal klappt, können Kinder manchmal gar nicht genug davon bekommen. Sie schicken Ihren Sprössling aus dem Zimmer und verstecken einen bestimmten Gegenstand im Raum – sei es eine Vase, ein Spielzeugauto oder eine Süßigkeit. Dann kommt das Kind herein und fängt an zu suchen. Ist es noch weit vom Versteck entfernt, sagen Sie „kalt". Dreht es sich in die Richtung des Verstecks, sagen Sie „lauwarm", und je näher es kommt, desto öfter wiederholen Sie „wärmer". Ist das Kind ganz nahe beim Versteck, rufen Sie „heiß!". Jetzt müsste es das Versteck entdecken. Dreht es sich in die falsche Richtung, müssen Sie weitere Anweisungen geben.

Das Spiel lässt sich anstatt mit gesprochenen Hinweisen auch mit Klängen durchführen. Dazu schlägt man einen Messinggong von piano bis forte: Leise bedeutet, das Versteck ist noch weit weg, laut bedeutet, es liegt ganz nahe.

Was wird hier gesprochen?

Auch dieses amüsante Spiel spricht die visuelle und auditive Wahrnehmung gleichermaßen an. Es eignet sich ab etwa fünf Jahren und kann auch mit mehreren Kindern gespielt werden; da macht es noch mehr Spaß. Mit einem Paar Ohropax stopft sich das Kind die Ohren zu. Der Erwachsene stellt sich in einem Abstand von ungefähr drei Meter vor ihm auf und hält eine Rede. Wenn eine weitere Person im Raum ist, können die beiden auch eine Unterhaltung führen. Dabei sollten sie gelegentlich die Lautstärke variieren – von ganz laut bis ganz leise. Wichtig ist, dass die Redner das Gesagte deutlich mit Gestik und Mimik unterstreichen. Wenn die Vorführung zu Ende ist, nimmt das Kind die Stöpsel aus den Ohren und erzählt, was es gehört, gesehen und verstanden hat.

Wo tickt es?

Für dieses Spiel braucht man einen Wecker, eine Uhr oder eine Eieruhr, deren Ticken deutlich zu hören ist. Hier geht es darum, die auditive Wahrnehmung zu trainieren. Das

Kind geht aus dem Raum und wartet vor der Tür. In der Zwischenzeit wird die Uhr im Zimmer versteckt. Dann darf das Kind hereinkommen und muss versuchen, sie durch aufmerksames Horchen zu finden. Um den Anspruch des Spiels zu steigern, kann man nach den ersten Erfolgen mehrere Uhren verstecken.

Sei ganz leise!

Wenn das Kind bei seinen häuslichen Pflichten das nächste Mal mit dem Tischdecken an der Reihe ist, kann es damit ein kleines Horchexperiment verbinden. Die Aufgabe lautet: „Stell dir vor, hier in diesem Raum schläft jemand und möchte nicht geweckt werden. Schaffst du es, den Tisch so leise zu decken, dass der Schläfer nicht aufwacht?" Bestimmt wird sich das Kind bemühen, ganz leise zu sein. Lassen Sie es danach erst selber beurteilen, ob es die Aufgabe geschafft hat, bevor Sie Ihre Meinung dazu abgeben.

Riechen und Schmecken

Die folgenden Anregungen bieten Kindern die Möglichkeit, durch bewusstes Riechen und Schmecken neue Sinneserfahrungen zu sammeln. Unterhalten Sie sich mit Ihrem Kind über die verschiedenen Funktionen, die der Geruchs- und Geschmackssinn haben (Seite 31–32). Zum Beispiel hat der Geruchssinn nicht nur eine Lock-, sondern auch eine Warnfunktion und schützt uns so vor Gefahren.

Mein Kräutergarten

Ein Butterbrot mit Schnittlauch oder Kresse schmeckt vielen Kindern gut. Noch größer wird der Genuss, wenn man auf der Fensterbank, dem Balkon oder im Garten eigene Kräuter zieht. Vor allem mit Kresse geht es kinderleicht: Ein nasses Zellstofftuch, auf das man Kressesamen streut – und die Kresse wächst so schnell, dass man fast dabei zusehen kann.

Manche Kräuter entfalten einen besonders intensiven Duft, wenn man sie zwischen den Fingern zerreibt, beispielsweise Lavendel, Zitronenmelisse oder Petersilie. Probieren Sie zusammen mit Ihrem Nachwuchs einmal ein paar Duftnoten durch. Sie können damit ein kleines Spiel verknüpfen: Geben Sie Ihrem Kind ein Stück Papier und ein

Zitronenmelisse duftet angenehm frisch, vor allem wenn man sie zwischen den Fingern zerreibt.

101

duftendes Pflanzenblatt in die Hand und lassen Sie es mit einem Bleistift oder Wachsmalstift über das Blatt rubbeln. Dabei zeichnet sich nicht nur die Struktur des Blattes auf dem Bogen ab, sondern das Papier nimmt auch die Duftstoffe der Pflanze kurzzeitig auf. Um das Experiment zu einem Ratespiel auszubauen, rubbeln Sie weitere Pflanzenblätter auf den Papierbogen und lassen danach Ihren Sprössling raten, um welche Kräuter es sich handelt.

Riechquiz

Für fortgeschrittene Schnüffelnasen lässt sich das Ratespiel mit Pflanzendüften noch anspruchsvoller gestalten. Dazu füllt man ein paar Filmdöschen mit verschiedenen Pflanzen oder ätherischen Ölen. In die geschlossenen Deckel werden Löcher gestanzt (wie bei einem Salzstreuer). Dann hält sich das Kind ein Döschen unter die Nase und rät, was da drin sein könnte. Wenn es zu schwierig werden sollte, kann man mit einem Hinweis nachhelfen. Zum Beispiel: „Du findest es in der Küche beim Obst." (Zitrone) Oder: „Wenn du zum Gartentor gehst, läufst du daran vorbei." (Rosenbeet)

Zungenschau

Für diese „Studie" eignet sich am besten ein Handspiegel mit Vergrößerungsglas. Das Kind hält sich den Spiegel vors Gesicht und streckt die Zunge heraus wie beim Doktor. In der Vergrößerung kann es die feinen Erhebungen auf der Zungenoberfläche – die Papillen – ausgiebig betrachten. Hier sitzen die 2000 Geschmacksknospen, die unser Geschmacksempfinden bestimmen. Nun folgt ein kleines Experiment. Man stellt vier Flüssigkeiten mit den Geschmacksrichtungen süß, sauer, bitter und salzig bereit und träufelt dem Kind mit einer Pipette von jeder ein paar Tropfen auf verschiedene Stellen der Zunge. Auf diese Weise erfährt das Kind, wo seine Zunge welche Geschmacksempfindungen wahrnimmt: süß an der Zungenspitze; salzig und sauer an den Zungenrändern; bitter ganz hinten am so genannten Zungengrund.

Saftladen

Für dieses Probierspiel füllt man mehrere gleich große Flaschen mit verschiedenen Getränken, am besten mit Fruchtsäften oder Tees. Die Flaschen werden mit schwarzem Tonpapier überklebt oder mit Stoff umwickelt, so dass man den Inhalt nicht sieht. Nun wählt das Kind eine Flasche aus, trinkt daraus mit einem Strohhalm und versucht den Inhalt zu erraten. Noch größeren Spaß machen solche Spiele, wenn mehrere Kinder beteiligt sind. Zuweilen werden auf diese Weise ganz neue Geschmacksvorlieben entdeckt.

Tasten und Fühlen

Tastspiele vermitteln die hautnahe Erfahrung, dass man nicht nur mit den Händen, sondern auch mit den Füßen, dem Mund und anderen Körperteilen Informationen aus der Umgebung aufnehmen kann: zum Beispiel Formen und Oberflächen erkennen, Berührungsreize am eigenen Körper lokalisieren oder Temperaturen unterscheiden. Eine interessante Erfahrung ist es, sich einmal im Blindgehen zu versuchen: Man schließt die Augen und versucht, sich an Gegenständen entlangzutasten und auf diese Weise wie ein Blinder vorwärts zu bewegen. Solche Erfahrungen lehren einen, nicht nur den Sehsinn, sondern auch den Tastsinn neu zu schätzen.

Blind durchs Zimmer

Mit dieser Übung kann man das Blindgehen in mehreren Varianten erproben. Das Kind lässt sich die Augen verbinden. Der Erwachsene fasst es zuerst an beiden Händen und zieht es, indem er selber rückwärts geht, behutsam durch den Raum. Bei jedem Schritt erklärt er dem Kind, wo es sich gerade befindet und wohin es sich bewegt. Dann lässt der Erwachsene eine Hand los und geht an der Seite des Kindes weiter. Nach einer Weile hört er auf, den Weg zu beschreiben, und beide bewegen sich stumm vorwärts. Als nächste Variante stellen sich die beiden einander gegenüber und legen die Handflächen gegeneinander. Ganz vorsichtig und ohne etwas zu sagen bewegen sie sich nun seitwärts durch den Raum, vorbei an Möbeln und Einrichtungsgegenständen. Zum Schluss berühren sie sich nur noch mit den Fingerspitzen. Sehr stimmungsvoll wird diese Übung, wenn man dazu ruhige, entspannende Musik auflegt. Das Spiel hilft dem Kind, Berührungen anzunehmen, Vertrauen zu fassen und Ängste zu überwinden.

Massagen mit dem Igelball

Igelbälle bieten besonders intensive Tast- und Fühlerlebnisse. Das sind genoppte Gummibälle, die es in verschiedenen Größen und Farben in Sportgeschäften zu kaufen gibt. Am besten probieren Sie die verschiedenen Einsatzmöglichkeiten erst einmal bei sich selber aus. Rollen Sie den Igelball mit der flachen Hand über eine Tischplatte oder bewegen Sie ihn kreisend zwischen beiden Handflächen. Umschließen Sie den Ball mit einer Hand oder beiden Händen und üben Sie einen leichten Druck darauf aus; es darf ruhig kribbeln, aber es soll nicht wehtun. Anschließend sind die Fußsohlen dran: Man setzt sich bequem hin,

Ob Hände, Füße oder der ganze Körper – Igelballmassagen wirken sehr entspannend.

legt den Igelball auf den Boden und stellt einen Fuß (mit oder ohne Socken) darauf. Dann rollt man den Ball in kreisenden Bewegungen über den Boden, so dass die gesamte Fußsohle massiert wird, und wiederholt das Ganze mit dem anderen Fuß.

Nun hat man ein Gespür für die Wirkung der Igelballmassage bekommen und kann sie auch dem Nachwuchs anbieten. Solche Massagen tun besonders unruhigen, hippeligen Kindern gut, weil sie sehr entspannend wirken. Bewahren Sie den Ball am besten an einer Stelle auf, wo er für Ihr Kind leicht greifbar ist. Vielleicht schnappt es sich den Igelball bald ganz automatisch, wenn es eine CD anhören oder fernsehen will – und die Massage läuft quasi nebenbei. Je nachdem, wie das Kind auf die Hand- und Fußmassagen anspricht, können Sie ihm später eine Rücken- oder Ganzkörpermassage mit dem Igelball anbieten. Führen Sie die Anwendung aber behutsam durch und hö-

105

ren Sie sofort auf, wenn Ihr Kind erkennen lässt, dass es ihm unangenehm ist. Bieten Sie ihm als Alternative eine Tennisballmassage an, die weniger intensive Fühlreize vermittelt.

Was hast du in der Hand?

Für dieses Spiel sollte man zuerst eine Sammlung von verschiedenen Tastobjekten anlegen. Unter anderem eignen sich Kamm, Schuhbürste, Schwamm, Stahlwolle, Wattebällchen, Stein, Apfel, Birne, Mandarine, Kartoffel, Würfelzucker. Der Nachwuchs lässt sich die Augen verbinden, der Erwachsene wählt einen Gegenstand aus und legt ihn dem Kind in die Hand. Das Kind soll am Anfang die Hand nicht bewegen, sondern versuchen, den dort ruhenden Gegenstand so zu erraten. Wenn ihm das nicht gelingt, tastet es das Objekt mit der Fühlhand ab. Erst zum Schluss darf es, wenn nötig, die zweite Hand zu Hilfe nehmen.

Tastversteck

Bei diesem Spiel geht es darum, versteckte Gegenstände nicht mit den Augen, sondern durch Tasten mit den Händen zu suchen. Als Versteck eignen sich Naturmaterialien wie getrocknete Erbsen, Linsen oder Kastanien. Man füllt das Material in einen Korb oder in ein Säckchen (ungefähr Größe DIN A 3) und steckt einen kleinen Gegenstand, zum Beispiel ein Spielzeugauto, einen Holzbaustein oder einen kleinen Ball, hinein. Das Kind soll mit geschlossenen oder verbundenen Augen darin wühlen, bis es den Gegenstand gefunden hat.

Rückenbild

Das Kind setzt sich auf den Boden und hat ein dünnes Seil, ungefähr 50 Zentimeter lang, vor sich liegen. Der Erwachsene kniet oder setzt sich hinter das Kind und malt mit dem Zeigefinger eine einfache Figur auf seinen Rücken, beispielsweise eine Sechs, ein Dreieck oder ein „S". Das Kind soll versuchen, die Figur mit dem Seil nachzulegen. Wenn das Spiel mit den einfachen Figuren gelingt, steigert man allmählich den Schwierigkeitsgrad. Man wählt als Motiv ein Haus, ein Auto oder eine Blumenblüte und das Kind zeichnet die Figur auf einem Malblock nach.

Fingerfarben

Statt mit Stift und Pinsel malen mit den Fingern klecksen – das hat für die meisten Kinder einen besonderen Reiz. Fingerfarben gibt es fertig zu kaufen. Da sie leicht abzuwaschen sind, findet sich gewiss in jeder noch so kleinen Wohnung eine geeignete Fläche zum Bemalen. Ein Fenster oder Spiegel bietet einen idealen Untergrund. Wer es lieber ausgefallen mag: Auch mit Styroporplatten lässt sich bestens experimentieren. Viele Kinder sind fasziniert von diesem eigenartigen Material, das so federleicht ist und sich so warm anfühlt, von seiner rauen Oberflächenstruktur und dem quietschenden Geräusch, das es macht, wenn man zwei Styroporstücke aneinander reibt. Keine Frage, dass das Malen darauf zu einem ganz besonderen Erlebnis wird.

Pizzabäcker

Auch dies ist ein Spiel, von dem viele Kinder gar nicht genug bekommen können. Zum einen, weil es viel Spaß macht, zum anderen, weil es mit viel Berührung, Zuwendung und Streicheleinheiten verbunden ist. Der Erwachsene ist der Pizzabäcker und bittet das Kind, sich bäuchlings auf den Boden zu legen. Er selbst kniet sich daneben hin und kommentiert Schritt für Schritt alles, was er tut:

„Als Erstes brauchen wir ein halbes Pfund Mehl." – Man klopft dazu mit beiden Handflächen auf den Rücken des Kindes.

„Dann kommt eine Prise Salz dazu." – Man tippt mit den Fingerspitzen ganz leicht über den Körper.

„Jetzt müssen wir Wasser dazugießen." – Man streicht mit den Fingern einige Male den Rücken auf und ab, um anzudeuten, dass Wasser darüber fließt.

„Das Ganze ordentlich durchkneten." – Das Kind ist jetzt der Teig, der geknetet wird.

„Dann wird der Teig ausgerollt." – Man schaukelt das Kind sanft hin und her, als wäre es ein Nudelholz.

„Und zum Schluss kommt der Belag drauf: Schinken, Champignons, Käse, Tomaten, Peperoni …" – Man tippt bei jeder Zutat mit der flachen Hand oder mit vier Fingern auf eine Körperstelle.

„Wenn die Pizza fertig gebacken ist, lassen wir sie uns schmecken." – Tun Sie so, als wollten Sie Ihr Kleines anknabbern – eine liebevolle Geste, mit der Sie ihm bedeuten, dass Sie es „zum Fressen gern" haben.

Tut nicht weh!

Das folgende Tastspiel sollten Sie mit einer behutsamen Warnung einleiten: Die Gegenstände, die es zu befühlen gibt, sind alle spitz, scharf oder stachelig. Doch wenn man sie vorsichtig anfasst, tut man sich nicht weh. Das Kind sitzt am Tisch und hat die Augen verbunden. Stellen Sie mehrere Schalen oder Teller hin, die mit spitzen oder stacheligen Materialien gefüllt sind: mit kleinen Nägeln, kantigen Steinen, Strohhalmen oder Kastanienschalen. Das Kind nimmt sich die Materialien der Reihe nach vor, betastet sie behutsam und rät, was das sein könnte. Danach nimmt es die Augenbinde ab und überprüft seine Aussagen. Diese Übung sensibilisiert die Fingerspitzen für feine Berührungen. Das ist für Kinder mit einer Fehlentwicklung des Tastsinns besonders wichtig.

Tastleine

Eine Besonderheit im Kinderzimmer ist eine Leine zum Tasten und Fühlen. Dazu spannt man eine Schnur durchs Zimmer und befestigt daran mehrere Stoffsäckchen oder ausgediente Socken. Die Säckchen sind mit verschiedenen Materialien gefüllt: zum Beispiel mit Nüssen oder Kastanien, mit Holz- oder Plastikfiguren, mit Spielzeugautos oder Radiergummis. Das Kind befühlt jedes einzelne Säckchen und versucht, den Inhalt zu erraten. An geeigneter, möglichst ruhiger Stelle platziert, kann die Tastleine für eine Weile zu einer festen Einrichtung im Kinderzimmer werden. Dann sollte man den Inhalt der Säckchen in regelmäßigen Abständen unauffällig austauschen. Für das Kind ist so immer wieder ein Anreiz geboten, neue Tast- und Spürerfahrungen zu sammeln.

Mein kleines Reich

Bei Gelegenheit soll das Kind einmal sein ganzes Zimmer mit neuen Augen kennen lernen – genauer gesagt mit seinem Tastsinn. Auf diese Weise lernt es sein kleines Reich unter ganz anderen Aspekten kennen: Was ist hart, was ist weich? Welche Flächen sind rau, welche glatt? Wo ist es kalt, wo warm?

109

Bei der Unterscheidung zwischen hart und weich wird das Kind sicher schnell fündig werden: die harten Holzmöbel (von denen es im Kinderzimmer hoffentlich nicht mehr als nötig gibt), der Heizkörper, das Fensterbrett, die Holz- und Plastikspielsachen und die Kisten, in denen sie aufbewahrt sind. Im Gegensatz dazu: weiche Kissen und Polster, Bettdecke und Matratze, Plüschtiere und Softbälle … Weiter geht es mit rau und glatt: die raue Wand und der Teppich(boden), dagegen die glatten Möbeloberflächen, die Vorhänge, die Bücher und die Plastikspielsachen. Und zum Schluss noch kalt und warm: Man könnte meinen, dass es nur einen Temperaturunterschied zwischen dem warmen Heizkörper und den übrigen Einrichtungsgegenständen gibt. Trotzdem empfindet man manche Materialien beim Betasten eher als kühl (Metall, Glas, Hartplastik), andere als warm (Flanell, Wolle, Schaumstoff, Stypropor).

Bei Kindern, deren Wortschatz schon etwas größer ist, lässt sich dieses Experiment in einer Variante durchführen: Das Kind wird mit verbundenen Augen durch den Raum geführt. Es versucht, jeden Gegenstand, den es ertastet, mit eigenen Worten zu beschreiben.

Wie man sich bettet …

Um das vorige Spiel weiterzuführen, kann man gemeinsam mit dem Kind zwei Betten bauen: ein hartes und ein weiches. Als Material eignen sich harte (nicht spitze!) Materialien, wie Murmeln, Korken, Dominosteine oder kleine Holzscheite, und weiche Materialien, wie Schaumstoff, Felle, Kissen und Wolle. Sind die beiden Matratzen fertig, darf das Kind sie testen. Auf das weiche Lager wird es sich vermutlich ohne Bedenken fallen lassen, auf dem harten hingegen vorsichtig niederlassen. Doch dann kommt der Moment, wo es unter Umständen erstaunt feststellt, dass sich nicht nur das weiche Bett angenehm anfühlt. Tatsächlich bevorzugen viele Kinder sogar das harte Lager (solange sie nicht darauf schlafen müssen). Es hat einfach intensivere Fühlreize zu bieten.

Körperwahrnehmung und Bewegung

Übungen zur Körperwahrnehmung und Bewegungsspiele sind sehr wichtig, gerade in unserer Gesellschaft, der es vielfach an Körpererfahrung und Bewegung mangelt. Die Effekte dieser Übungen sind vielfältig: Die Kinder bekommen ein Gespür für ihren Körper und können sich dadurch emotional stabilisieren. Sie lernen die Bewegungsmöglichkeiten ihres Körpers besser kennen, verbessern ihre Motorik und Koordination und mit zunehmender Geschicklichkeit wächst ihr Selbstvertrauen.

Matratzen-Sandwich

Wenn Kinder überreizt und unruhig sind, tut es ihnen oft gut, ihren Körper zu spüren. Berührungs- und Druckempfindungen helfen ihnen, emotional ins Lot zu kommen, denn sie beruhigen das Nervensystem. Dazu kann man auf folgende Übung zurückgreifen. Das Kind legt sich auf eine Matratze und lässt sich – wie bei einem Sandwich – mit einer Matte oder Matratze zudecken. Der Erwachsene drückt mit beiden Handflächen von oben darauf und gibt immer mehr von seinem Körpergewicht auf die Matratze ab. Er kann sich auch mit dem Oberkörper über die Matratze legen. Keine Sorge: Das Kind wird schon sagen, wann es ihm zu viel wird! Viele Kinder mögen es besonders, wenn sich ein Erwachsener mit ganzer Körperlänge auf sie legt: Sie genießen das Gefühl, kurzzeitig wieder ein Baby zu sein, fest umschlossen und beschützt zu werden. Wenn sie sich danach unter dem Körper des Erwachsenen hervorwinden, vermittelt ihnen das erneut wertvolle Spürerfahrungen.

Ri-ra-rutsch

Für diese sehr wirkungsvolle Übung braucht man nur eine Decke. Diese breitet man auf dem Boden aus und lässt den Nachwuchs darauf Platz nehmen. Anschließend fasst man die Decke an einem Ende und beginnt, das Kind kreuz und quer durch den Raum zu ziehen. Die Bewegungen sollten gleichmäßig, nicht ruckartig sein, damit der kleine Passagier nicht das Gleichgewicht verliert. Anstatt zu sitzen kann das Kind auch auf dem Bauch oder Rücken liegen. Und um das Rutschvergnügen noch zu steigern, kann man die „Fahrt" mit einem Vers begleiten:

Auf der Decke geht es kreuz und quer durch den Raum. Das vermittelt dem Kind schöne Spürerfahrungen.

Ri-ra-rutsch, wir fahren mit der Kutsch',
wir fahren mit der Schneckenpost,
weil es keinen Pfennig kost'.
Ri-ra-rutsch, wir fahren mit der Kutsch'.

Diese Übung spricht nicht nur den Tastsinn an, sondern schult auch den Gleichgewichtssinn.

Schaukeldecke

Wer zu Hause keinen Platz für eine Hängematte hat (Seite 81), schafft mit diesem Spiel – und der Hilfe eines zweiten Erwachsenen – guten Ersatz. Das Kind legt sich mit dem Rücken auf eine ausgebreitete Decke. Die beiden Erwachsenen fassen die Decke an den Enden und heben sie auf. Das Kind liegt darin wie in einer Hängematte und wird nun in gleichmäßigem Rhythmus hin- und hergeschaukelt. Die Schaukelbewegungen lassen sich variieren – von behutsam bis stürmisch. Für einen spannenden Höhepunkt sorgt dieser Begleitvers:

Müller-, Müllersäcklein,
ist der Müller nicht zuhaus?
Tür zu, Riegel vor:
Wirf das Säcklein übers Tor.

Bei den beiden letzten Worten wird die Decke erst hoch in die Luft geschwungen, und schließlich landet das Kind mit einem weichen Plumps auf dem Bett oder der Wohnzimmercouch. Das Schaukeln in der Decke stimuliert zum einen den Gleichgewichtssinn, zum anderen vermittelt es dem Kind ein schönes Gefühl von Gehalten- und Getragensein.

Körperkonturen

Damit das Kind eine genauere Vorstellung von seinem Körper bekommt – wie groß es ist, wie viel Platz es einnimmt, wo sich Augen, Nase, Ohren, Mund befinden –, können Sie mit ihm den folgenden Versuch durchführen. Dazu brauchen Sie einen dicken Stift und ein großes Stück Papier oder Karton, auf dem das Kind mit voller Körperlänge Platz hat. Nachdem es sich hingelegt hat, malen Sie auf dem Papier seine Körperumrisse nach. Anschließend sehen Sie sich das Werk gemeinsam an. Nun nimmt das Kind den Stift in die Hand und zeichnet Augen, Ohren, Nase, Mund und Haare ein. Mit bunten Stiften kann es außerdem Kleidung und Schuhe dazumalen. Das Experiment geht noch einen Schritt weiter: Man wickelt eine Schnur oder einen Bindfaden ab und lässt das Kind raten: „Wie lange muss die Schnur wohl sein, damit man sie genau einmal um deinen Körper legen kann?" Zum Schluss probiert man es aus.

Die liegende Acht

Eine sehr bekannte Übung zum Überkreuzen der Körpermittellinie ist die liegende Acht. Überkreuzungsübungen sind wichtig für die Körperkoordination und Zusammenarbeit der beiden Hirnhälften – somit auch für die Konzentration. Auf ein mindestens DIN A4 großes Blatt Papier malt man eine Acht oder klebt eine Schnur in dieser Form auf. Das Blatt wird in Augenhöhe des Kindes im Querformat an der Wand befestigt, so dass die Acht zum Liegen kommt. Nun streckt das Kind einen Arm vor und beginnt, ausgehend von der Mitte nach rechts oder links oben, die Acht nachzufahren. Es wiederholt die Bewegung mehrere Male hintereinander ohne Unterbrechung. Die Augen des

Die liegende Acht sorgt für eine bessere Zusammenarbeit der beiden Hirnhälften.

Kindes folgen der Handbewegung, der Kopf ist geradeaus gerichtet. Anschließend führt das Kind die Übung mit der anderen Hand aus.

Die liegende Acht ist auch als Holzspiel erhältlich. Es hat eine Spurrinne, über die das Kind entweder den Finger gleiten lässt oder eine Kugel rollt.

Muskelspiele

Für diese Übung braucht das Kind eine weiche, warme Unterlage, auf der es mit ganzer Körperlänge Platz hat, zum Beispiel eine Schaumstoffmatte oder eine Decke. Die Schuhe werden ausgezogen, die Kleidung sollte bequem sein und nicht einengen. Der Erwachsene leitet die Übung und gibt – ähnlich wie bei einer Phantasiereise oder beim Autogenen Training – mit ruhiger Stimme Anweisungen:

- „Leg dich auf den Rücken, schließ deine Augen und atme ganz ruhig ein und aus."
- „Beweg deine Zehen und tu so, als ob du damit etwas greifen wolltest."
- „Mach mit deinen Füßen Kreise – von innen nach außen und von außen nach innen."
- „Zieh deine Füße zum Po hin, erst den einen, danach den anderen. Dann streck deine Beine eines nach dem anderen wieder aus."
- „Spann deine Pomuskeln an, als ob du dringend aufs Klo müsstest. Dann entspann die Muskeln wieder."
- „Mach im Liegen ein Hohlkreuz, als wärst du ein Tunnel, durch den ein kleines Tier durchkrabbeln möchte."
- „Zieh langsam deine Schultern zu den Ohren hoch und lass sie danach wieder sinken."
- „Breite die Arme aus und streck die Hände vom Körper weg. Balle die Hände zu Fäusten."
- „Bewege alle deine Finger einzeln."
- „Mach deinen Mund auf und streck deine Zunge ganz weit heraus."
- „Kneif die Lippen fest zusammen und blase die Backen auf wie ein Hamster."
- „Bleib noch ein wenig liegen und mach dann deine Augen wieder auf."

Die Bewegungsabläufe lassen sich nach Belieben variieren und erweitern. Ziel der Übung ist es, Bewegung und Spannung in den Muskeln und Gelenken zu spüren und dadurch ein besseres Körpergefühl zu bekommen. Für Dreijährige und die meisten Vierjährigen dürfte die Übung ein wenig zu schwierig sein, weil sie noch nicht alle Körperteile kennen und die kombinierten Anweisungen nicht lückenlos umsetzen können. Ab etwa fünf Jahren dürfte das kein Problem mehr sein.

Was ist schwerer?

Wie schwierig es ist, das Gewicht eines Gegenstandes auch nur annähernd richtig zu schätzen, hat sicher jeder schon festgestellt. Beispielsweise wenn man keine Briefwaage hat und mit den Händen ein Pfund-Päckchen (zum Beispiel ein Nahrungsmittel) und eine Postsendung gegeneinander aufzuwiegen versucht, um deren Gewicht grob einzuschätzen. Einen ähnlichen Versuch können Sie mit Ihrem Nachwuchs durchführen. Füllen Sie zwei gleich große, undurchsichtige Behälter mit unterschiedlichen Materialien. Legen Sie dem Kind die beiden Behälter in die Hände und lassen Sie es wie mit einer Balkenwaage abwägen, welche Seite die schwerere ist. Danach wird die Einschätzung auf einer echten Waage überprüft. Dieses Experiment übt besonders den Muskel- und Stellungssinn.

Ich habe Flügel

Und noch ein Körperexperiment, bei dem Ihr Sprössling seine Muskeln testen kann. Dafür sollte eine schmale Türöffnung zur Verfügung stehen; ungefähr 60 Zentimeter Breite sind optimal. Das Kind stellt sich in den offenen Türrahmen, breitet die Arme zur Seite hin aus und drückt mit den Handrücken kräftig gegen die Türpfosten. Nach etwa 20 Sekunden lässt es los und tritt aus dem Türrahmen. Anschließend hebt es beide Arme seitlich in die waagrechte Position – und stellt erstaunt fest, dass sie sich anfühlen, als würden sie schweben. Erklären Sie dem Kind, wie das Gefühl zustande kommt: Beim Drücken ge-

117

gen die Türpfosten wird in den Armmuskeln eine hohe Spannung erzeugt. Sobald die Spannung wegfällt, fühlen sich die Arme federleicht an.

Der Roboter

Das Roboterspiel ist geeignet, die Körperwahrnehmung und die Konzentration auf bestimmte vereinbarte Bewegungsabläufe zu üben. Das Kind ist der Roboter, der sich nicht eigenmächtig, sondern nur auf Anweisung bewegen kann. Der Erwachsene steht hinter ihm und gibt durch Berührung folgende Befehle:

Vorwärts	=	mit der flachen Hand auf den Rücken klopfen
Rückwärts	=	mit den Händen beide Schultern kurz nach hinten ziehen
Nach links	=	auf die linke Schulter klopfen
Nach rechts	=	auf die rechte Schulter klopfen
Stopp	=	die flache Hand auf den Kopf legen

Üben Sie diese Befehle einige Male durch, bevor es richtig losgeht. Dann schicken Sie Ihren Roboter kreuz und quer durch den Raum. Achten Sie durch rechtzeitigen Befehlswechsel darauf, dass der Roboter nirgends anstößt.

Balancierparcours

Balancieren hat für Kinder gewöhnlich einen großen Reiz. Wahrscheinlich hat jeder schon einmal Kinder beobachtet, die auf Mauern, Stegen, Zäunen, liegenden Baumstämmen oder am Bordstein mit Ausdauer ihr Gleichgewicht übten. Mit einem Balancierparcours im Haus oder auf einem festen Untergrund im Freien kann man diesem Bedürfnis

118

entgegenkommen. Als Material bieten sich Klebebänder, Bretter oder Balken, dicke Seile, Bänke, Holzkisten oder in Scheiben geschnittene Baumstämme an. Das Material wird so auf dem Boden ausgelegt, dass ein großzügiger Rundweg entsteht, der sowohl gerade Strecken als auch weite Kurven enthält. Auf dem Parcours testet das Kind seine Geschicklichkeit. Bereitet ihm das Balancieren anfangs Schwierigkeiten, darf es einen Besenstiel als Balancierstange zu Hilfe nehmen. Klappt es dagegen auf Anhieb, steigert man den Schwierigkeitsgrad, zum Beispiel mit der Aufgabe, auf einer geraden Strecke rückwärts oder mit geschlossenen Augen zu balancieren.

Zahlensprünge

Auch Hüpfspiele sind bei Kindergarten- und Schulkindern sehr beliebt. Sie eignen sich hervorragend, die Geschicklichkeit und den Gleichgewichtssinn zu trainieren. Dazu braucht man nicht viel Platz; es genügt eine kleine asphaltierte oder gepflasterte Fläche, zum Beispiel in einer Hofeinfahrt oder im Spielbereich einer Wohnanlage. Mit einer Straßenkreide zeichnet man zwölf Kästchen von jeweils 30 mal 30 Zentimeter Größe nach dem Muster auf Seite 120 auf den Boden. Bei dem Spiel geht es darum, in der richtigen Reihenfolge, beginnend bei 1, von einer Zahl zur nächsten zu springen. Bei jedem Durchgang kann man die Anforderungen variieren; mal wird mit beiden Beinen, mal mit einem Bein, mal rückwärts gehüpft.

Variante: Für kleinere Kinder, die noch nicht lesen können, kann man statt der Zahlen Tiere in die Kästchen malen und zu jedem Sprung eine Anweisung geben: „Spring zur Maus – zum Elefanten – zur Katze …"

1	7	9	3
12	4	6	10
8	2	11	5

Sprünge im Zahlengitter fördern die Geschicklichkeit und den Gleichgewichtssinn.

Himmel und Hölle

Eines der bekanntesten Hüpfspiele, das uns noch aus unserer Kindheit in Erinnerung sein dürfte, ist „Himmel und Hölle". Hier geht es darum, beginnend bei der Erde bis zum Himmel und wieder zurück zu hüpfen. Die Hölle muss jedoch übersprungen werden. Auch bei diesem Spiel werden verschiedene Sprungtechniken angewendet: mit beiden Beinen, mit einem Bein oder – wenn zwei Kästchen nebeneinander stehen – im Grätschsprung.

Variante 1: Jedes Kind darf nach einem fehlerfreien Durchgang seinen Namen oder ein persönliches Symbol in ein freies Kästchen malen. Dieses Kästchen muss dann, genau wie die Hölle, übersprungen werden.

Variante 2: Das Kind wirft einen Stein ins erste Feld (die Erde) und hüpft wie beschrieben bis zum Himmel und zurück. Auf dem Rückweg hebt es den Stein auf. War der Durchgang fehlerfrei, darf es weitermachen und wirft den Stein ins nächste Feld, dann ins übernächste und so weiter, bis der Himmel erreicht ist. Der Stein darf weder ins falsche Feld, noch in die Hölle noch neben den Spielfeldrand fallen. Wer als Erster alle Durchgänge fehlerfrei schafft, hat gewonnen.

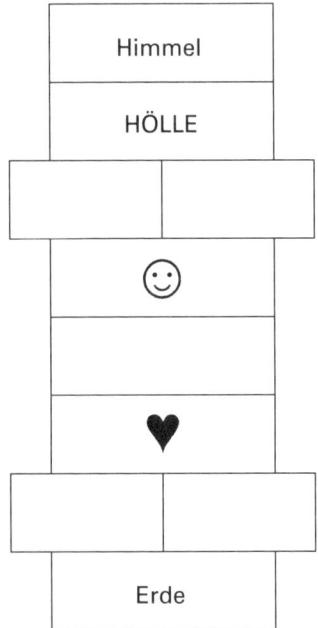

Wehe, wer auf die Hölle springt!
Dieses Hüpfspiel erfordert
Konzentration und
Geschicklichkeit.

121

7. Kapitel

Die ganze Familie macht mit

Die bisherigen Spielvorschläge konnten hoffentlich deutlich machen, dass Förderung im Alltag nicht mit einer Therapie gleichzusetzen ist. Die Situation daheim ist eine völlig andere als in der Praxis eines Therapeuten, allein was die Räumlichkeiten und die Beziehung zum Kind angeht. Außerdem sind zu Hause häufig mehrere Personen im Spiel, von denen keiner gern außen vor bleibt.

Kein Grund zur Eifersucht: Geschwister sind einbezogen

Der eine oder andere mag sich beim Lesen der bisherigen Kapitel bisweilen gedacht haben: „Förderung zu Hause, schön und gut, aber ich habe schließlich mehr als ein Kind. Wie bringe ich nur alle Bedürfnisse unter einen Hut?" Eifersucht ist in der Tat ein schwieriges Kapitel. Man will dem einen Kind etwas Gutes tun und schon fühlt sich das andere benachteiligt. Lassen Sie deshalb gar nicht erst den Eindruck entstehen, dass Sie mit einem Ihrer Kinder etwas Besonderes vorhaben, während die übrigen maulend abseits stehen müssen. Beziehen Sie, sooft es geht, alle Anwesenden in die Förderspiele ein. Das geht schon mit den meisten der bisher beschriebenen Übungen mühelos. Und die folgenden Spiele sind von vornherein so angelegt, dass erst mit mindestens zwei Kindern als Spielpartner die richtige Stimmung aufkommt.

Mein Spiegelbild

Zwei Geschwister stehen sich in einem Abstand von etwa einem Meter gegenüber. Ganz langsam beginnt das eine, eine Körperbewegung auszuführen. Das andere Kind muss der Bewegung so exakt wie möglich folgen und dabei so tun, als wäre es das Spiegelbild. Kleine Spitzfindigkeiten gehören dazu: Streckt der eine Spieler die Zunge heraus, blinzelt mit einem Auge oder zupft sich am Ohr, muss der andere die Bewegung sofort spiegelbildlich nachahmen. Nach einer Weile werden die Rollen getauscht und das zweite Kind darf die Bewegungen vorgeben. Bei dieser Übung werden die visuelle Wahrnehmung und die visuo-motorische Koordination gefördert.

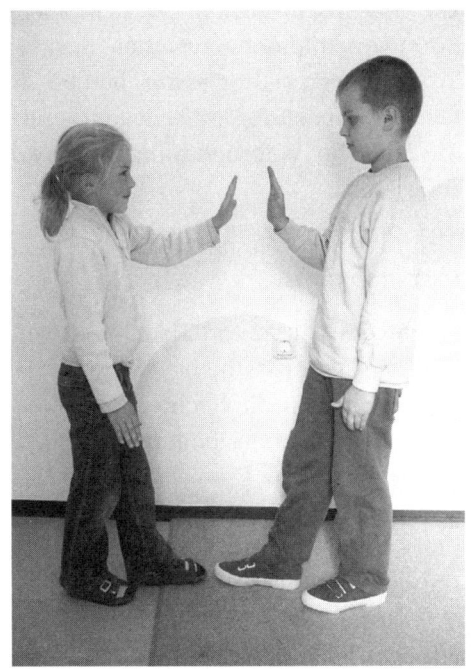

Beim „Spiegelbild" müssen alle Bewegungen stimmen.

Finde die Mitte

Die Kinder sitzen einander gegenüber am Tisch. Auf dem Boden liegen diverse Gegenstände von unterschiedlicher Form und Größe: ein Buch, eine Puppe, ein Spielzeugauto, ein Bauklotz, ein Blumentopf … Nun wählt eines der Kinder drei Gegenstände aus und legt zwei davon in einem beliebigen (nicht zu kleinen) Abstand voneinander auf den Tisch. Den dritten Gegenstand bekommt das gegenüber sitzende Kind; es soll ihn möglichst genau in der Mitte zwischen den beiden anderen platzieren. Anschließend wird mit einem Zollstock nachgemessen: Wie gut ist es dem Kind gelungen, den Mittelpunkt zu finden? Nachdem das Ergebnis notiert ist, werden die Rollen getauscht. Die Anforderung dieses Spiels ist nicht zu unterschätzen. Je stärker die ausgewählten Gegenstände in ihrer Größe und Form voneinander abweichen, desto schwieriger ist es, die Entfernungen richtig abzuschätzen, da das Auge einer optischen Täuschung unterliegen kann. Dieses Spiel schult die visuelle Wahrnehmung, insbesondere den Orientierungssinn.

Esspantomime

Essgewohnheiten und Tischmanieren sind in vielen Familien ein Verdrussthema (Seite 86). Mit dem folgenden Spiel lässt sich die Sache auf humorvolle Weise angehen. Den meisten Menschen ist gar nicht bewusst, wie viele charakteristische Essweisen es gibt – je nachdem, welche Speisen man vor sich hat. Ein belegtes Brot oder ein Stück Pizza nimmt man in die Hand und beißt davon ab. Einen Hähnchenschenkel nagt man bis auf die Knochen ab. Eine Orange teilt man nach dem Schälen in Spalten und beißt vorsichtig schlürfend davon ab, damit der Saft nicht he-

124

rausläuft. Versuchen Sie einmal reihum, durch Pantomime darzustellen, was Sie gerade essen: einen Apfel, eine Walnuss, eine Banane, einen Teller Spagetti oder Reis mit Stäbchen. Da zeigt sich, wie es um die Beobachtungsgabe Ihrer Kinder bestellt ist – und Ihr Nachwuchs erhält Gelegenheit, auch mal einige Ihrer schlechten Gewohnheiten aufs Korn zu nehmen: „Das sind Schokoladeplätzchen! Wenn du die isst, schleckst du dir danach immer alle Finger einzeln ab."

Ich seh' etwas, was du nicht siehst ...

Sei es in den eigenen vier Wänden, bei langen Autofahrten, im Restaurant oder im Wartezimmer des Arztes – dieses Spiel ist überall bestens geeignet, die Langeweile zu vertreiben oder Wartezeiten zu verkürzen. Obendrein schult es die Aufmerksamkeit und die visuelle Wahrnehmung. Eines der Kinder fängt an und sagt: „Ich seh' etwas, was du nicht siehst, und das ist gelb (rot, blau, orange ...)." Die anderen sehen sich um, was es in der Nähe und Ferne Gelbes zu sehen gibt, und antworten entsprechend: „Das Puppenkleid." – „Mamas Pullover." – „Der Henkel der Tasse." – „Die Bonbonschachtel." Wer den gesuchten Gegenstand errät, kommt als Nächstes mit dem Sprüchlein dran.

Entdeckungen bei Nacht

Fragen Sie doch bei nächster Gelegenheit Ihre Kinder, ob sie nach Anbruch der Dunkelheit noch einmal mit der Taschenlampe losziehen wollen. Könnte gut sein, dass Sie ein begeistertes „Ja!" vernehmen. Nachtwanderungen sind bei Kindern sehr beliebt. Vor allem, wenn jeder Teilnehmer mit einer eigenen Taschenlampe ausgerüstet ist. So macht jeder seine persönlichen Entdeckungen. Selbst für begleitende Erwachsene ist es manchmal eine Überraschung, was man im Schein einer Lampe alles entdeckt, wenn man nicht von der Umgebung abgelenkt wird. Das sind mitunter Dinge, an denen man tagein tagaus vorüberläuft, ohne sie je bewusst zur Kenntnis genommen zu haben.

Wer erkennt die Melodie?

Dieses Spiel zur auditiven Wahrnehmung, geeignet ab etwa fünf Jahren, ist ein hübscher Zeitvertreib für die ganze Familie. Je mehr Teilnehmer, umso größer der Spaß. Die Teilnehmer sitzen um den Tisch. Einer fängt an und klopft mit den Fingerknöcheln den Rhythmus eines bekannten Liedes auf die Tischplatte. Wer glaubt, die Melodie zu erkennen, darf leise mitklatschen. Wenn alle das Lied richtig erkannt haben, kommt der Nächste mit seiner Melodie an die Reihe.

Jäger des Schatzes

Der Schatz in diesem Spiel besteht aus bunten Steinen oder Glasperlen, die in ein flaches Schälchen gelegt und in der Mitte des Tisches platziert werden. Jeder Spieler sollte in etwa gleich weit vom Schatz entfernt sitzen. Der Spielleiter erzählt eine Geschichte, in der etliche Male das Wort „Schatz" vorkommt. Jedes Mal, wenn der Begriff fällt, sollen die Kinder versuchen, sich ein Steinchen aus der Schale zu schnappen. Nur der Schnellste darf den Stein behalten. Am Ende der Geschichte ist die Schale leer und jedes Kind zählt seine Beute. Wer hat die meisten Steinchen erwischt? Dieses Spiel schult die auditive Wahrnehmung und das Reaktionsvermögen.

Kneten zu zweit

Das beliebte Kneten mit Ton oder Plastilin lässt sich mühelos zu einem spannenden Partnerspiel ausbauen. Zwei Kinder sitzen sich mit verbundenen Augen am Tisch gegenüber. Das eine nimmt ein Stück Knete in die Hand, formt damit eine Figur, etwa ein Dreieck, legt sie auf ein Stück Karton und schiebt das Ganze dem Mitspieler zu. Der betastet die Figur und rät, was das sein könnte. Danach baut er an der Figur weiter (aus dem Dreieck wird ein Haus) und gibt sie dem Partner zurück. So wird geraten und weitergebaut (das Haus bekommt einen Kamin, eine Tür, ein Fenster) bis zum spannenden Schlussmoment: Die Kinder nehmen die Augenbinde ab und begutachten ihr gemeinsames Werk.

Werken mit Speckstein

Speckstein ist ein ganz besonderer Stein: Man kann ihn schneiden. Nehmen Sie einen Speckstein und schneiden Sie mit der Säge eine Scheibe davon ab. Ihre Kinder werden staunen – und es sicher gleich selber ausprobieren wollen. Gestatten Sie es ihnen ruhig, auch wenn Sie vorsichtshalber in der Nähe bleiben und wenn nötig ein wenig Hilfe leisten sollten. Nachdem der Stein geschnitten ist, können die Kinder ihn weiterbearbeiten. Mit einer Feile werden Spitzen und Ecken abgerundet und raue Stellen geglättet. Mit Sandpapier und Stahlwolle werden ganz feine Rillen in die Oberfläche eingraviert. So entsteht ein Gebilde, das sich angenehm in der Hand anfühlt und sich mit ein wenig Phantasie interpretieren lässt: Für das eine Kind ist es ein Tier, für das andere eine Schale oder ganz einfach ein Glücksstein.

Doppellift

Bei der folgenden Übung geht es darum, sich in einem Bewegungsablauf optimal mit einem anderen Partner abzustimmen. Das stellt Ansprüche an den Muskel- und Stellungssinn, den Gleichgewichtssinn und die Körperkoordination. Darüber hinaus bietet es wichtige Spürerfahrungen und übt das Sozialverhalten. Zwei Kinder stehen Rücken an Rücken und haken die Arme ineinander. Auf diese Weise miteinander verkettet versuchen sie nun, gemeinsam in die Hocke zu gehen und danach wieder aufzustehen. Wenn sie dabei ihre Rücken aneinander drücken, müssen sie den Krafteinsatz richtig dosieren, um das Gleichgewicht zu halten und nicht umzukippen.

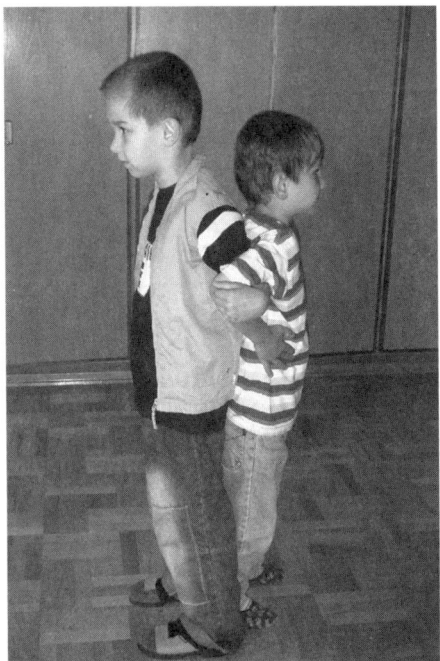

Rücken an Rücken, die Arme eingehakt – gleich fährt der Doppellift nach unten.

Aneinander gefesselt

Ähnliche Anforderungen wie das vorherige stellt dieses Spiel: Zwei Kinder werden mit einem Seil in Knöchelhöhe aneinander gefesselt, so dass der linke Fuß des einen Kindes mit dem rechten des anderen verbunden ist. Nun muss das unzertrennliche Paar versuchen, verschiedene Aufgaben zu erfüllen: möglichst schnell eine Wegstrecke zurücklegen, Hindernisse umgehen oder rückwärts laufen. Diese Übung trainiert das Gleichgewicht und die Körperkoordination, den Tastsinn und das Sozialverhalten.

Schneckentransport

Eines der Kinder formt ein maximal ein Meter langes Seil zu einer Schnecke und legt es dem anderen, das im Vierfüßler-Stand bereitsteht, auf den Rücken. Vorsichtig bewegt sich der Schneckentransporter nun vorwärts. Das Seil darf weder verrutschen noch zu Boden fallen. Auf ein Signal hin (Glockengebimmel, Gongschlag) bleibt er stehen und die Rollen werden getauscht. Statt im Vierfüßler-Stand zu krabbeln, kann das nächste Kind auch auf dem Bauch robben. Mit dieser Übung wird vor allem die taktil-kinästhetische Wahrnehmung, aber auch die Hör- und Sehwahrnehmung und das Konzentrationsvermögen geschult.

Inselhüpfen

Mit diesem Bewegungsspiel wird das Kinderzimmer im Handumdrehen zur Abenteuerlandschaft. Auf dem Boden werden mehrere kleine „Inseln" ausgelegt: Ideal für diesen Zweck eignen sich Teppichfliesen oder in Rechtecke geschnittene Teppichbodenreste mit Schaumstoffunterseite.

Tücher sind nur auf einer rutschsicheren Unterlage verwendbar, zum Beispiel einem Teppichboden. Jedes Kind stellt sich auf eine Insel, die es sich als seine „Heimat" ausgesucht hat, und versucht dann, durch einen gezielten Sprung auf eine andere Insel zu kommen. Wer daneben springt, fällt ins Wasser – und das ist gefährlich, denn dort lauern Haie. Wer schafft es, am Ende wohlbehalten auf seine Heimatinsel zurückzukehren?

Ab die Post!

Für dieses Spiel braucht man ein Rollbrett oder einen Möbelrollwagen und einen großen Karton ohne Gucklöcher. Der Karton wird auf das Rollbrett gestellt und das erste Kind steigt hinein; dann wird der Deckel zugemacht. Auf das Kommando „Ab geht die Post!" schieben die anderen Spieler gemeinsam den Rollwagen kreuz und quer durch den Raum. Bleibt der Wagen stehen, muss der Spieler in der Kiste angeben, wo er sich seiner Meinung nach jetzt befindet: beim Wohnzimmerschrank, neben dem Sofa, unter dem Türbogen … Dann kommt das nächste Kind dran. Dieses Spiel übt die räumliche Wahrnehmung und den Orientierungssinn.

Wahrnehmungsspiele selbst gebastelt

Basteln und Malen sind mehr als nur ein schöner Zeitvertreib. Sie fördern die feinmotorische Geschicklichkeit – eine wichtige Voraussetzung für das Schreibenlernen in der Schule. Durch kreativen Umgang mit Materialien und planvolles Handeln lernen Kinder außerdem, Zusammenhänge besser zu verstehen. Wer die folgenden Anregungen aufgreifen und Wahrnehmungsspiele selbst basteln möchte, sollte daher ruhig seinen Nachwuchs einbeziehen. So hat das Unternehmen doppelte Wirkung.

Bierdeckelformen

Für dieses Spiel braucht man eine Sammlung von Bierdeckeln; ungefähr 40 Stück sind ideal. Gemeinsam werden die Bierdeckel bemalt, jeweils acht Stück in einer Farbe. Wichtig ist, dass alle gleichfarbigen Bierdeckel dieselbe Form haben (rund oder eckig). Wenn die Farbe getrocknet ist, fängt das Spiel an. Eines der Kinder legt mit einer festgelegten Anzahl verschiedenfarbiger Bierdeckel (das können vier, fünf, sechs oder mehr sein – der Schwierigkeitsgrad hängt vom Alter der Spieler ab) eine Form. Das zweite Kind sieht sich die Form genau an und prägt sich das Muster ein. Dann wird die Form zugedeckt und das Kind muss versuchen, sie aus dem Gedächtnis genau nachzulegen. Zum Schluss werden beide Formen miteinander verglichen: Stimmt das Gebilde und sind alle Farben am richtigen Platz? Danach werden die Rollen getauscht und das Spiel beginnt von neuem. Dieses Legespiel stellt hohe Ansprüche ans visuelle Gedächtnis. Es verbessert die Konzentration und schult die Sehwahrnehmung.

Geräusche zuordnen

Genaues Hinhören und Hinsehen ist beim folgenden Spiel wichtig, um die Aufgaben erfolgreich lösen zu können. Sie brauchen dazu einen Kassettenrekorder und eine unbespielte Kassette. Damit nehmen Sie Geräusche auf, die gewöhnlich in den eigenen vier Wänden zu hören sind, ohne dass man bewusst darauf achtet: der laufende Wasserhahn, die tickende Eieruhr, das Zuziehen eines Reißverschlusses, das Klappern einer Computer-Tastatur, das Abrollen einer Klopapierrolle, das quietschende Geräusch beim Fensterputzen. Ein und dasselbe Geräusch darf sich ruhig mehrere Male auf der Kassette wiederholen. Wichtig ist nur, dass zwischen zwei aufeinander folgenden Geräuschen mehrere Sekunden Pause liegen, damit beim Spiel keine Hektik aufkommt. Zu jedem aufgenommenen Geräusch sollte man außerdem ein Bild anfertigen – entweder eine Zeichnung oder ein Foto. Die legt man in beliebiger Reihenfolge, jedes gut sichtbar, auf den Tisch. Und los geht das Spiel: Das Kassettenband läuft und das Kind soll zu jedem Geräusch das dazugehörige Bild finden. Bei mehreren Spielern können sich die Kinder entweder abwechseln oder um die Wette suchen.

Geräusche-Memory

Dieses Spiel funktioniert genauso wie das bekannte Bilder-Memory: Es geht darum, möglichst viele gleiche Paare zu sammeln – hier allerdings nicht mit Bildern, sondern mit Geräuschen. Das Spiel eignet sich sehr gut, um die auditive Wahrnehmung zu schulen. Was Sie brauchen, sind 12 bis 20 kleine Dosen, die alle gleich aussehen und aus gleichem Material bestehen. Gut geeignet sind Filmdosen, besser noch Metalldosen, da sie die Geräusche optimal verstärken. Füllen Sie jeweils zwei Döschen mit dem gleichen Material, zum Beispiel mit kleinen Steinchen, Mosaikperlen, Sand, kleinen Nägeln, Stecknadeln, Reis, Salz, Nudeln, Mehl, Erbsen ... Mischen Sie die Döschen durcheinander und stellen Sie sie in mehreren Reihen zu einem Rechteck auf. Nun nimmt der erste Spieler ein Döschen und schüttelt es, gleich danach noch eines. Klingen die Geräusche gleich? Wenn der Spieler glaubt, dass die beiden Döschen den gleichen Inhalt haben, darf er nachsehen. Stimmt seine Vermutung, behält er die Döschen und darf weitermachen. Falls nicht, kommt der nächste Spieler dran. Wer am Ende die meisten Döschen eingeheimst hat, ist Sieger.

Flüstertüte

Dass man mit einem Hörrohr Gespräche und Geräusche viel deutlicher wahrnehmen kann, lässt sich mit einer gebastelten Flüstertüte schnell beweisen. Sie brauchen dazu ein starkes quadratisches Papier (etwas dicker als normales Tonpapier), Schere und Klebstoff. Rollen Sie das Papier zu einem Trichter mit einer kleinen und einer großen Öffnung zusammen; die kleine Öffnung sollte einen Durchmesser von drei bis vier Zentimeter haben. Die überlappenden Kanten verkleben Sie und die Ränder der beiden Öffnungen schneiden Sie mit der Schere gerade. Fertig ist

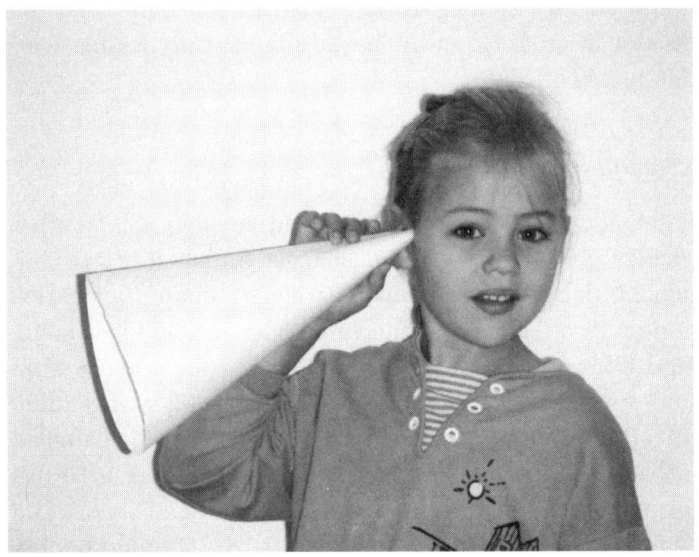

Mit einer Flüstertüte versteht man plötzlich vieles besser.

die Flüstertüte, mit der Ihre kleinen Detektive nun die geheimsten Gespräche belauschen können.

Tast-Memory

Um ein Tast-Memory selbst herzustellen, sind Bierdeckel das ideale Bastelmaterial. Außerdem braucht man Schere und Kleber und verschiedene Tastmaterialien, zum Beispiel Stoffe, Pelzchen, Fell, Lederflicken, Filz, Sandpapier, Wellpappe, Wachspapier oder Plastik. Die Materialien werden auf Bierdeckelgröße zugeschnitten und je zwei Bierdeckel mit demselben Material beklebt. Dann bekommt das erste Kind die Augen verbunden; die Memory-Teile werden auf dem Tisch ausgelegt. Das Kind greift sich ein Memory-Kärtchen, befühlt es und versucht, durch Tasten und Fühlen unter den ausgelegten Teilen das dazu passende zu finden. Hat es seine Wahl getroffen, nimmt es die Augenbinde ab und vergleicht. Jetzt geht es mit dem nächsten Spieler in eine neue Runde und die Memory-Karten werden neu gemischt.

Kastanienbad

Bällebäder, die man unter anderem auf den Kinderspielplätzen größerer Einrichtungshäuser findet, sind bei kleinen Kindern überaus beliebt. Zu Recht, denn die fröhlich bunten Plastikbälle, in denen man purzeln und toben kann, sind eine unwiderstehliche Verlockung für den Tastsinn und die Körperwahrnehmung. Es müssen allerdings nicht unbedingt teure Plastikbälle sein, wenn Sie ein Bällebad selbst herstellen wollen. Warten Sie einfach, bis es Herbst wird, machen Sie mit Ihren Lieben einen Spaziergang und sammeln Sie so viele Kastanien, wie Sie finden können. Die putzen Sie zuhause mit einem Tuch einzeln ab und lassen sie etwas trocknen, damit sie nicht zu schimmeln beginnen. Füllen Sie dann ein aufblasbares Planschbecken oder eine Kinderbadewanne mit den Kastanien und lassen Sie Ihren Nachwuchs nach Herzenslust darin „baden".

Dosen- oder Blockstelzen

Stelzen – geeignet ab etwa fünf Jahren – gibt es zwar fertig zu kaufen, man kann sie jedoch ohne großen Aufwand selber herstellen. Man durchbohrt dazu zwei gleich große Blechbüchsen an zwei gegenüberliegenden Stellen ganz dicht am Boden der Dose. Danach zieht man jeweils eine Schnur durch beide Löcher, verknotet die beiden losen Enden miteinander und stellt die Büchsen auf den Kopf, so dass der Boden oben ist. Die Schnüre sollten etwa so lang sein, dass die verknoteten Enden bis zum Bauchnabel des Kindes reichen. Nun steigt das Kind auf die Dosen, spannt die Schnüre an und im Storchenschritt marschiert es los. Damit sich Fuß und Dose bei jedem Schritt gleichzeitig heben, muss der Arm- und Beineinsatz aufeinander abgestimmt sein. Auf diese Weise werden Gleichgewicht und Körperkoordination trainiert. Damit die Dosen beim Balancieren nicht umkippen, sollten sie nicht zu hoch sein und einen Durchmesser von mindestens zwölf Zentimeter haben. Anstelle von Dosen kann man auch große Holzklötze verwenden. Sie bieten eine höhere Standsicherheit.

8. Kapitel

Wahrnehmungsspiele im Freundeskreis

Vom Kindergartenalter an bekommen persönliche Freundschaften unter Gleichaltrigen einen immer höheren Stellenwert. Mit gutem Grund, sind doch Freunde mit ähnlichem Wissen und Können die idealen Spielkameraden, um gemeinsam Neues zu entdecken und auszuprobieren und sich auf diese Weise weiterzuentwickeln. Die folgenden Spiele sind für Kinder verschiedener Altersstufen ausgewählt. Einige eignen sich schon für Kinder im Kindergartenalter, andere setzen Fähigkeiten voraus, die man erst von Kindern ab dem Schulalter erwarten kann.

Alte Kinderspiele neu aufgelegt

Versetzen wir uns einmal für einen Augenblick in unsere Kindheit zurück. Welche Spiele sind uns aus dieser Zeit am besten in Erinnerung geblieben? Wahrscheinlich diejenigen, die wir auf der Wiese, auf der Straße oder im Hof zusammen mit den Kameraden aus der Nachbarschaft gespielt haben. „Wie schön wäre es", denkt man seufzend, „wenn es diese Möglichkeit heute noch gäbe." Die gute Nachricht: Es gibt sie noch – besser gesagt, wieder! Bewegungs- und Gemeinschaftsspiele, wie wir sie aus unserer Kindheit kennen, erleben heutzutage eine regelrechte Renaissance. Immer mehr der alten, längst vergessen geglaubten Spiele werden aus der Versenkung hervorgeholt – und mit ihnen die vielfältigen Möglichkeiten zu Bewegung, Körpererfahrung, Kreativität, Kommunikation und Gemeinschaftserleben.

Abzählverse

Gruppenspiele sind oft so angelegt, dass einer der Teilnehmer darin eine besondere Rolle spielt, zum Beispiel als Fänger oder Rater. In diesem Fall muss zuvor vereinbart werden, welcher von den Teilnehmern als erster in diese Rolle schlüpft. Das lässt sich ganz einfach und ohne Streit mit Abzählversen bestimmen. Die Spieler bilden einen Kreis und einer sagt ein Sprüchlein auf, wobei er bei jeder Silbe des Verses von einem Teilnehmer zum nächsten deutet. Bei wem das letzte Wort fällt, der ist dran.

> *Ich und du,*
> *Müllers Kuh,*
> *Müllers Esel,*
> *der bist du.*

*

> *Eins, zwei, drei, vier, fünf, sechs, sieben,*
> *eine alte Frau kocht Rüben,*
> *eine alte Frau kocht Speck,*
> *und du bist weg.*

Solche Reime sprechen die auditive Wahrnehmung (insbesondere das Rhythmisieren) sowie sprachliche und koordinative Fähigkeiten an.

Klatschspiele

Einen ähnlichen Sinn wie Abzählverse haben Klatschspiele. Hier stehen sich zwei Spieler gegenüber und klatschen zu einem Vers in einer festgelegten Bewegungsabfolge (mal über Kreuz, mal parallel) ihre Hände gegeneinander. Beim nachfolgenden Vers etwa geht das Klatschen in jeder Zeile nach diesem Muster:

(1) (2) (1) (3) (1) (4)   (4)   (4)
Beim Müller hat's gebrannt-brannt-brannt,
da bin ich hingerannt-rannt-rannt,
da kam ein Polizist-zist-zist,
der schrieb mich auf die List-List-List.
Die List' fiel in den Dreck-Dreck-Dreck,
da war mein Name weg-weg-weg.

Mal über Kreuz, mal parallel: Klatschspiele fördern das Rhythmusgefühl und die Koordination.

Da lief ich schnell nach Haus-Haus-Haus,
und die Geschicht' ist aus-aus-aus.

(1) Beide Spieler klatschen vor der Brust in die Hände.
(2) Die Spieler klatschen über Kreuz ihre rechten Handflächen gegeneinander.
(3) Die Spieler klatschen über Kreuz ihre linken Handflächen gegeneinander.
(4) Die Spieler klatschen parallel beide Handflächen gegeneinander.

Ich bin ein Student

Dieses Reimspiel lässt sich, wenn kein Mitspieler da ist, auch gut allein spielen. Da macht es Kindern manchmal sogar noch mehr Spaß. Und die Erwachsenen staunen, welchen Ehrgeiz ihr Sprössling an den Tag legt, wenn er das Spiel ein ums andere Mal wiederholt, um es irgendwann perfekt zu beherrschen. Bei jeder Zeile des folgenden Reims wird ein Ball gegen eine Wand geworfen. Dazu macht der Spieler eine entsprechende Geste und fängt danach den Ball auf. Fällt der Ball auf den Boden, bricht der Reim ab und der nächste Spieler ist dran.

Ich bin ein Student (Spieler deutet auf sich)
und wasch mir die Händ, (reibt die Handflächen aneinander)
ich trockne sie ab (mimt das Abtrocknen)
und steck sie in den Sack, (Hände in die Hosentaschen)
dann geh ich ins Wirtshaus (drei Schritte zurück)
und trinke ein Bier aus, (deutet Trinken an)
ich gehe nach Haus, (drei Schritte nach vorn)
mein Spiel ist aus.

Schleuderball

Diese simple Alternative zu Federball & Co erfordert nur geringen Materialaufwand: Man braucht dazu nicht mehr als einen kleinen Ball, der in einen alten Strumpf gesteckt wird. Der Strumpf wird zugebunden und fertig ist der Schleuderball. Das Spiel erfordert Konzentration, Kraft, Geschicklichkeit und Ausdauer. Wie beim Federball stehen sich die beiden Spieler in einem Abstand von etwa zehn Metern gegenüber. Der eine nimmt den Schleuderball am Strumpfende, lässt ihn mit ausgestrecktem Arm um die Schulter kreisen und wirft ihn mit Schwung seinem Mitspieler zu. Dabei wird er merken, dass es gar nicht so einfach ist, die Flugrichtung zu bestimmen; man muss den Schleuderball genau zum richtigen Zeitpunkt loslassen. Der Mitspieler muss versuchen, den Ball am Strumpfende zu erwischen und ihn sofort mit Schwung zurückschleudern. Da dieses Spiel viel Platz erfordert, sollte man möglichst einen Sportplatz oder eine große Grünfläche dafür auswählen.

Achtung, der Ball kommt!

Für dieses Ballspiel zu zweit spannt man zuerst eine Wäscheleine zwischen zwei Bäume oder Pfosten. Sie bildet die Mittellinie des Spielfelds. Dieses hat eine Länge von etwa sechs Metern und eine Breite von drei Metern. Über die Wäscheleine wird ein Bettlaken gelegt, das den Spielern zu beiden Seiten der Mittellinie die Sicht versperrt. Das Spiel beginnt. Einer der beiden Spieler schlägt, wie beim Volleyball, mit der flachen Hand den Ball über die Leine. Der Gegner versucht, ihn mit den Händen zurückzuschlagen, bevor er auf dem Boden aufschlägt. Das ist gar nicht so einfach, da er erst im letzten Moment sieht, woher der Ball kommt. Das Spiel ist daher ein gutes Training für die visuelle Wahrnehmung, aber auch für Konzentration, Reaktionsvermögen und Körperkoordination.

Kirschen gegessen, Wasser getrunken

Dieses Spiel eignet sich am besten für drei bis sechs Teilnehmer. Die Spieler stellen sich im Kreis auf und werfen einander reihum einen Ball zu. Dazu sagt der erste Werfer die erste Zeile des folgenden Sprüchleins, der nächste die zweite Zeile und so weiter:

> *Kirschen gegessen,*
> *Wasser getrunken,*
> *Bauchweh gekriegt,*
> *ins Krankenhaus gekommen,*
> *sofort operiert,*
> *mausetot.*

Der Spruch begleitet aber nicht nur die Würfe, sondern bezeichnet auch den Wettbewerbsstand der Spieler. Die Ausgangsposition ist für alle die erste Zeile. Fällt einem Spieler der Ball zu Boden, rückt er in die nächste Zeile weiter. Jeder Spieler muss sich seinen Spielstand gut merken. Wer bei „mausetot" angelangt ist, scheidet aus. Wer zum Schluss übrigbleibt, ist Sieger.

Variante: Anstatt reihum können die Spieler den Ball auch in beliebiger Reihenfolge werfen. Das erfordert noch größere Aufmerksamkeit, da die Teilnehmer ständig auf den Ball gefasst sein müssen. Um besseren Überblick zu bewahren, kann man zwischendurch eine Wurfpause einlegen, in der jeder Spieler seinen aktuellen Spielstand angibt. Dass keiner schummelt, ist Ehrensache!

Der Storch und die Frösche

Einer der Spieler wird durch Abzählen zum Storch gewählt, die anderen sind die Frösche. Ein gezeichneter Kreis auf dem Boden dient als Rettungsinsel. Der Storch stellt sich auf ein Bein, die Frösche gehen in die Hocke und alle fangen an zu hüpfen. Dabei muss der Storch versuchen, einen der Frösche zu fangen. Wer von den Fröschen es schafft, die freie Rettungsinsel zu erreichen, darf dort maximal 20 Sekunden ausruhen, danach muss er weiterhüpfen und die Insel einem anderen Frosch überlassen. Hat der Storch einen Frosch erwischt, muss dieser seine Rolle übernehmen.

Ochs' am Berg

An diesem Spiel, das Sprache, Rhythmus, Schnelligkeit, Koordination und soziales Miteinander fördert, können beliebig viele Spieler teilnehmen. Sie sollten aber mindestens zu dritt, besser zu viert sein. Mit einem Abzählvers wird bestimmt, wer zuerst der Ochse sein darf. Der stellt sich mit dem Gesicht zur Wand an eine Mauer und hinter seinem Rücken, in ungefähr 20 Meter Entfernung, reihen sich die übrigen Kinder an der Startlinie auf. Jetzt ruft der Ochse laut „Ochs' am Berg!" und die Kinder laufen so viele Schritte wie möglich in seine Richtung. Doch Vorsicht: Sobald sich der Ochse umdreht, müssen die Läufer auf der Stelle stoppen. Wer von ihm beim Rennen ertappt wird, muss zurück zur Startlinie. Wer als erster die Mauer erreicht, hat gewonnen und ist der nächste Ochse.

Ob „Ochs' am Berg" oder „Kaiser": Sieger ist, wer als Erster das Ziel erreicht.

Kaiser, wie viele Schritte darf ich gehen?

Auch diesmal muss sich ein ausgewählter Teilnehmer mit dem Gesicht zur Wand stellen – das ist der Kaiser. Die anderen Spieler stehen (in beliebiger Anzahl) in einem Abstand von etwa 10 bis 15 Metern an der Startlinie und rufen: „Kaiser, wie viele Schritte darf ich gehen?" Der Kaiser nennt, ohne sich umzudrehen, zuerst eine Farbe, dann die Anzahl und Größe der Schritte. Es gibt Mäuseschritte (Ferse an Zehenspitze), Gehschritte und Riesenschritte. Demnach lautet die Antwort zum Beispiel: „Grün darf drei Riesenschritte gehen." Alle Spieler, die ein grünes Kleidungsstück tragen, dürfen die entsprechenden Schritte gehen. Wer den Kaiser als Erster erreicht, hat gewonnen. Dieses Spiel fördert die visuelle Wahrnehmung, Gleichge-

wicht und Körperkoordination sowie das soziale Miteinander.

Mutter, Mutter, darf ich reisen?

Ähnlich wie das Kaiser-Spiel geht das folgende. Einer der
Teilnehmer wird durch Abzählen zur „Mutter" bestimmt.
Sie steht mit dem Gesicht zur Mauer und aus einem Ab-
stand von ungefähr 20 Metern fragt der erste Spieler an der
Startlinie: „Mutter, Mutter, darf ich reisen?" Antwortet die
Mutter mit „Ja", fragt er weiter: „Wohin?" Die Mutter nennt
einen Städtenamen, sagen wir „Hannover", und da das
Wort drei Silben hat, darf der Spieler drei Schritte ge-
hen. Antwortet die Mutter hingegen mit „Nein", muss der
Frager an seinem Platz stehen bleiben. Dann kommt das
nächste Kind mit der Frage dran. Wer als Erster bei der
Mutter ist, darf ihren Platz einnehmen und das Spiel be-
ginnt von vorn.

Anregungen für den Kindergeburtstag

Kino – Theater – Zirkus – Kutschfahrt: Muss es wirklich
immer ein so teures Vergnügen sein? Ja, es muss, glauben
viele Eltern und erklären sich zähneknirschend bereit,
auch beim nächsten Kindergeburtstag ein sattes Sümm-
chen springen zu lassen. Wie sonst sollte man den wach-
senden Ansprüchen einer verwöhnten Geburtstagsgesellschaft überhaupt noch gerecht werden? Ganz einfach,
indem man zur Abwechslung eine flotte Geburtstagsparty
daheim organisiert! Ohne den Stress einer perfekt durch-
geplanten Daueranimation – aber auch ohne die Gefahr,
dass die Gäste am Ende aus lauter Langeweile vor dem
Fernseher landen. Dass beim Kindergeburtstag die richtige

Stimmung aufkommt, hängt vor allem von der optimalen Mischung aus Spannung und Entspannung ab. Spiele zum Toben, Rennen und Lachen sind ebenso gefragt wie Spiele zum Entspannen und Loslassen. Das heißt, neben den üblichen Wettkämpfen sollte eine Auswahl von wettbewerbsfreien Spielen dabei sein, die eine angespannte Atmosphäre im richtigen Moment auflockern. Nehmen Sie sich vor dem Tag X einfach ein wenig Zeit, die passende Auswahl zu treffen. Die folgenden Anregungen sollen Ihnen dabei helfen – damit anstelle der befürchteten passiven Konsumhaltung ein aktives, fröhliches und „sinn-volles" Miteinander entsteht.

Wer ist wer?

Bei einer bunt gewürfelten Kinderrunde, die sich aus Verwandten, Freunden und Nachbarn zusammensetzt, ist es nicht unbedingt selbstverständlich, dass jeder jeden kennt – eine gute Möglichkeit, die Party mit dem folgenden Vorstellungsspiel zu eröffnen. Die Geburtstagsgesellschaft bildet einen Kreis. Jedes Kind stellt sich mit seinem Namen, einer Geste und einem Geräusch (zum Beispiel einem Tierlaut) vor. Wenn die Vorstellung zu Ende ist, versuchen alle Kinder gemeinsam, die Runde noch einmal nachzuspielen. Dieses hübsche Spiel sorgt zum einen dafür, dass selbst bei schüchternen Kindern schnell das Eis schmilzt, zum anderen ist es ein gutes Training für das visuelle und auditive Gedächtnis.

Was hat sich verändert?

Dieses Spiel zur Verbesserung der visuellen Wahrnehmung lässt sich in unzähligen Varianten und Schwierigkeitsgraden spielen. Nur eine Grundregel bleibt immer gleich: Ein

145

Freiwilliger geht vor die Tür und muss, wenn er hereingerufen wird, erkennen, was sich in der Zwischenzeit im Zimmer verändert hat. Zum Beispiel werden im Raum Möbel umgestellt oder es werden Ausstattungsgegenstände vertauscht: Der Blumentopf wandert vom Fensterbrett auf den Tisch, die Tischlampe stattdessen aufs Fensterbrett. Es kann sich bei der Veränderung genauso um einen Kleidertausch handeln. Die Kinder tauschen Schuhe, Socken, Pullover oder T-Shirts miteinander. Sehr amüsant ist die Spielvariante, bei der eins der Kinder, eventuell zwei oder sogar alle, eine Statue spielen. Der Freiwillige betrachtet die Standbilder genau und geht hinaus. Währenddessen wechseln die Statuen ihre Haltung und der Hereingerufene muss die Veränderungen erraten. Der Schwierigkeitsgrad des Spiels – das heißt die Anzahl und der Grad der Veränderungen – muss (notfalls durch Ausprobieren) auf das Alter der Teilnehmer abgestimmt werden. Um die Aufgaben lösen zu können, ist ein gutes visuelles Gedächtnis erforderlich.

Gesucht wird ...

Eine weitere spannende Variante des vorigen Spiels ist das Steckbriefspiel. Es beginnt mit einer kleinen Geschichte wie dieser: „Die Kinder sind im Tierpark unterwegs. Als sie bei den Elefanten stehen, bemerken sie plötzlich, dass eines fehlt. Schnell laufen sie zur Information und bitten um Hilfe, um das verloren gegangene Kind möglichst bald wiederzufinden." Jetzt schließen alle Kinder die Augen. Leise stupst der Spielleiter eines von ihnen an und bedeutet ihm, nach draußen zu gehen. Die anderen dürfen die Augen jetzt aufmachen. Nachdem sie festgestellt haben, wer fehlt, beginnen sie, das Kind so genau wie möglich zu beschreiben: Farbe, Form und Länge der Haare, Augenfarbe, Körpergröße, Alter, Kleidung … Erst wenn keinem Spieler mehr neue Einzelheiten einfallen, wird das Kind hereingerufen. Jetzt wird sich zeigen, wie detailgenau und zutreffend die Beschreibung war.

Blinzeln

Zuerst werden Stühle in einem großen Kreis aufgestellt, auf die sich ein Teil der Partygäste setzt. Ein Stuhl muss jedoch frei bleiben. Die restlichen Spieler stellen sich hinter den Stühlen auf. Das Kind, das hinter dem freien Stuhl steht, fängt an: Es blinzelt einem der sitzenden Spieler auffordernd zu und der muss von seinem Platz auf den leeren Stuhl überwechseln. Dabei ist schnelle Reaktion gefragt, denn wenn der Stehende merkt, dass sein Partner angeblinzelt wurde, versucht er ihn augenblicklich festzuhalten. Ist ihm sein Partner jedoch entwischt, ist er an der Reihe, durch Herbeiblinzeln seinen Stuhl neu zu besetzen. Dieses Spiel stellt hohe Ansprüche an die visuelle Wahrnehmung: Zum Beispiel ist es gar nicht so einfach zu erkennen, ob man selbst angeblinzelt wurde oder jemand anderes. Aber auch schnelle Reaktionen sind bei diesem Spiel erforderlich. Der Spielleiter sollte darauf achten, dass kein zu großer Ehrgeiz aufkommt, der die Teilnehmer in Stress bringt. Bei Kindern mit verzögerter Reaktion und visuellen Wahrnehmungsschwierigkeiten endet es sonst leicht mit Frust und Tränen.

Tanzpause

Zu einem richtigen Geburtstagsfest gehört selbstverständlich flotte Musik. Kommt noch ein Tanzspiel wie das folgende hinzu, steigert das den Spaß ungemein – und spricht nebenbei die Hörwahrnehmung, die Körperkoordination

147

und das Reaktionsvermögen der Teilnehmer an. Bevor die Musik läuft, erklärt der Spielleiter den Ablauf. Sobald die Musik einsetzt, sollen alle anfangen zu tanzen. Dann drückt der Spielleiter die Stopptaste und alle Kinder müssen blitzschnell reagieren: Je nachdem, was vereinbart wurde, bleiben sie entweder ganz starr stehen oder sie ahmen ein Tier nach (Katze, Hund, Vogel) oder es fassen sich immer zwei Kinder an den Händen und bilden ein Paar. Die Aufgaben können bei jeder Tanzrunde neu festgelegt werden.

Schatzwächter

Für die folgende auditive Wahrnehmungsübung ist aufmerksames Horchen erforderlich. Voraussetzung ist, dass es im Zimmer ganz ruhig ist und keine störenden Nebengeräusche zu hören sind. Ein Kind spielt den Schatzwächter: Es setzt sich mit verbundenen Augen in der Mitte des Raums auf den Boden und bewacht seinen Schatz, beispielsweise eine Süßigkeit oder ein Spielzeug. Währenddessen versuchen die anderen Kinder, sich leise aus einer Entfernung von etwa drei Metern an den Schatz heranzuschleichen und ihn zu stehlen. Bemerkt der Wächter einen der Räuber, zeigt er mit dem Finger schnell in die betreffende Richtung. Das erwischte Kind muss an die Startposition zurückkehren. Wer als Erster unbemerkt an den Schatz herankommt, schnappt ihn sich und hat gewonnen.

Flüsterpost

Auch bei diesem bekannten und beliebten Gruppenspiel kommt es auf gutes Zuhören an. Die Kinder sitzen im Kreis. Eines von ihnen überlegt sich einen kurzen Satz und flüstert ihn seinem Nachbarn ins Ohr, sagen wir: „Kasperl macht Theater!" Der gibt den Satz, so wie er ihn verstan-

148

Im Flüsterton wird die geheime Botschaft von Kind zu Kind weitergereicht.

den hat, leise an den nächsten Spieler weiter. Nachfragen ist nicht erlaubt. So wird die Botschaft von Kind zu Kind weitergereicht, bis sie wieder am Ausgangspunkt angelangt ist. Das erste Kind darf nun laut das Ergebnis verkünden. Wahrscheinlich hat es mit dem Ausgangssatz nicht mehr viel zu tun und das Gelächter ist groß. So könnte die veränderte Botschaft jetzt lauten: „Karl hat einen Kater."

Watteblasen

Die Kinder sitzen in regelmäßigen Abständen um einen runden Tisch; bei der Platzverteilung darf keine Lücke entstehen. Die Arme werden hinter dem Rücken verschränkt. In der Mitte des Tisches liegt ein Wattebausch. Auf Kommando beginnen alle Kinder auf die Watte einzublasen. Jedes versucht, den Wattebausch über die Tischplatte zu bekommen, damit er auf der anderen Seite zu Boden fällt. Die gegenübersitzenden Spieler halten mit allen Kräften dagegen. Schlüpft der Wattebausch schließlich zwischen zwei Spielern durch und fällt hinunter, müssen die beiden Verlierer ein Pfand zahlen (Pfand einlösen: siehe Seite 152–153). Dieses Spiel hat einen guten Trainingseffekt auf die Mundmuskulatur. Die Mundmotorik spielt unter anderem für die sprachlichen Fertigkeiten eine wichtige Rolle.

Süß-saure Schnecke

Bei diesem Schmeckspiel sollte man sich erst vergewissern, dass die Partygäste nicht schon bis zum Rand mit Kuchen und Süßigkeiten vollgestopft sind. Sonst könnte das Spiel im wahrsten Sinne des Wortes üble Folgen haben. Man schneidet verschiedene Lebensmittel – Käse, Wurst, Obst, Gemüse, Süßigkeiten – in mundgerechte Würfel oder Scheiben. Diese Happen werden in Form einer Schnecke auf einer Servierplatte angeordnet. Jetzt beginnen die Kinder reihum zu würfeln. Entsprechend der Augenzahl zählt jedes Kind die Stücke von außen nach innen ab, pickt sich das betreffende Stück heraus und darf es verspeisen. Wer erwischt die Schokoladenstücke – und wer die sauren Gurken?

Blind zeichnen

Für das folgende lustige Spiel, bei dem räumliches Vorstellungsvermögen und Körpergefühl gefragt sind, braucht man eine Tafel oder ein Zeichenboard und dazu ein Stück Kreide oder einen Stift. Ein Kind aus der Gruppe lässt sich die Augen verbinden und nimmt den Stift in die Hand. Die anderen einigen sich auf ein Motiv – ein Haus, ein Ferkel, eine Maus –, das der Kandidat zeichnen muss. Und zwar

150

möglichst detailgenau: Das Haus sollte Tür, Fenster und Kamin haben; beim Ferkel dürfen Augen, Ohren und Ringelschwänzchen nicht fehlen. Ist der Zeichner fertig, nimmt er die Augenbinde ab, bestaunt sein Werk – und wundert sich!

Schuhsalat

Die Spieler werden in zwei Gruppen von jeweils mindestens fünf Teilnehmern aufgeteilt. Die Kinder der ersten Gruppe bilden einen Kreis, ziehen ihre Schuhe aus und werfen sie in die Kreismitte auf den Boden. Der Spielleiter sieht auf die Uhr und gibt das Kommando: „Los!" Sofort laufen alle gleichzeitig zum Schuhhaufen und jeder Spieler schnappt sich einen linken und einen rechten Schuh.

Hinein in den Schuh! Bei diesem Spiel sind Schnelligkeit und Geschicklichkeit gefragt.

Die beiden Schuhe dürfen aber nicht zusammengehören. So schnell es geht schlüpfen die Kinder in die ausgewählten Schuhe und halten nach dem jeweils passenden Gegenstück Ausschau. Denn jetzt müssen sich die Spieler so aneinander reihen, dass immer zwei zusammengehörige Schuhe nebeneinander stehen. Mit Balanceakten und Verrenkungen ist bei derartigen Versuchen durchaus zu rechnen. Sobald die richtige Ordnung hergestellt ist, stoppt der Spielleiter die Zeit. Anschließend ist die zweite Gruppe an der Reihe. Dieses Spiel trainiert den Gleichgewichtssinn und die Körperkoordination und übt nebenbei das Sozialverhalten.

Es fliegt, es fliegt ...

Bei diesem Pfänderspiel können beliebig viele Kinder mitmachen. Es erfordert Konzentration und schnelle Reaktionen, ist aber so amüsant, dass selbst die Verlierer noch etwas zu lachen haben. Die Gruppe setzt sich an einen Tisch. Ein ausgewählter Teilnehmer fängt an und klopft mit beiden Zeigefingern in regelmäßigem Takt auf die Tischkante – alle anderen klopfen mit. Im Rhythmus des Klopfens sagt der erste Spieler dann: „Es fliegt, es fliegt – der Storch!" Und augenblicklich schnellen alle Arme nach oben, denn der Storch kann wirklich fliegen. Beim nächsten Mal heißt es vielleicht: „Es fliegt, es fliegt – die Kröte!" Und alle Hände bleiben unten und klopfen weiter, denn welche Kröte kann schon fliegen! Hat ein Spieler nicht aufgepasst und die Arme nach oben gestreckt, muss er ein Pfand zahlen. Nachdem alle Spieler einmal oder mehrmals mit dem Sprüchlein dran waren, geht es an die Pfandversteigerung. Ein Spieler berührt, ohne dass es die anderen sehen können, eines der Pfänder und fragt: „Was soll der Besitzer dieses Pfandes machen?" Die anderen denken sich etwas Lustiges aus – Grimassen schneiden, ein Lied pfeifen, wie eine Ente watscheln – und der Besitzer erhält sein Pfand erst zurück, wenn er die Aufgabe erfüllt hat.

Kartoffellauf

Der Kartoffellauf, der hohe Ansprüche an Gleichgewicht, Schnelligkeit und Körperkoordination stellt, ist auf vielen Kinderpartys im doppelten Wortsinn der Renner. Die Kinder stellen sich an einer Startlinie auf. Jedes hält einen Löffel in der Hand, auf dem eine Kartoffel liegt. Auf das Startzeichen hin laufen alle Kinder los und müssen beim Rennen höllisch aufpassen, dass die Kartoffel nicht auf den Boden fällt. Passiert es trotzdem, muss der Läufer zurück an die Startlinie. Für größere Kinder kann man auf der Strecke Hindernisse einbauen: zum Beispiel eine Kartoffelkiste, die die Wettläufer überwinden, oder eine waagrechte Stange, unter der sie gebückt durchgehen müssen. Wer als Erster das Ziel erreicht, hat gewonnen.

Drachenschwanzfangen

Für dieses lustige Fangspiel braucht man Platz. Am besten eignet sich als Gelände ein großer Garten, eine Wiese oder ein Sportplatz. Die Kinder stellen sich hintereinander in einer Reihe auf, jedes umfasst die Hüfte seines Vordermanns. Das erste Kind in der Reihe ist der Drachenkopf. Das letzte Kind bekommt ein langes Tuch um die Taille gebunden, dessen Enden hinten wie ein Schwanz nach unten hängen; das ist der Drachenschwanz. Der Drachenkopf muss versuchen, seinen Schwanz zu erwischen. Das wird nicht leicht sein, denn das Hinterteil bewegt sich im Zickzack und versucht so geschickt wie möglich auszuweichen.

153

Sinnvolle Geschenke

Das Problem kennt jeder: Kurz vor dem Kindergeburtstag häufen sich die Anfragen von Verwandten und Freunden: „Was sollen wir schenken?" Dann ärgert man sich, wenn man nicht rechtzeitig daran gedacht hat, eine Geschenkliste anzulegen. Statt ferngesteuerter Autos, Gameboy & Co gibt es hier einige Anregungen für gute und in doppelter Wortbedeutung sinnvolle Geschenke in verschiedenen Preisklassen. Kleine, preiswerte Präsente sind ebenso vertreten wie größere Geschenke, die auch nicht unerschwinglich sind, wenn mehrere Personen zusammenlegen.

„Sinn-volle" Spielsachen gibt es in allen Preisklassen, manche kann man sogar selber basteln.

Für den täglichen Gebrauch

- Igelball (Seite 104)
- Fußmassageroller (Seite 88)
- Kirschsteinsäckchen (Seite 87)
- Die liegende Acht (Seite 115)

Zum Malen, Basteln und Werken

- Dicke Holzstifte mit Wachsmalmine; sie erfordern weniger Krafteinsatz beim Malen und die Farben leuchten schön
- Tonpapier
- Schere
- Holz- und Steckperlen
- Stickbilder
- Werkbank
- Werkzeugkoffer

Zum Spielen

- Holzkugelbahn
- Zauberkasten
- Puzzle
- Memory-Spiel
- Würfel- oder Kartenspiele, die Ansprüche an Wahrnehmung, Wissen und Geschicklichkeit stellen, zum Beispiel *Mäuseschlau und bärenstark* (Würfelspiel mit Sachfragen und spaßigen Aktionen) oder *Speed* (Kartenspiel, bei dem es auf schnelles Erkennen von Farben, Formen und Mengen ankommt)

Zum Musizieren

- Orff-Instrument
- Stabile Kindertrommel
- Messinggong (Seite 99)
- Rhythmikeier (mit Metallkügelchen gefüllte, bunte Kunststoffeier zum rhythmischen Begleiten von Musik)

Fürs Kinderzimmer

- Kriechtunnel
- Hängematte (Seite 81)
- Balancierbalken (Seite 119)
- Kasperlehandpuppen

Fürs Badezimmer

- Malseife (Seite 80)
- Seifenknete (Seite 80)
- Badewannenspielzeug (Seite 79)

Zum Spielen im Freien

- Tellerschaukel
- Klettergerüst
- Hängestrickleiter
- Hüpfball
- Rollbrett (Seite 130)
- Roller
- Sprungseil
- Sandspielzeug (Seite 160)
- Buddelhose
- Straßenkreide (Seite 119)

Für unterwegs

- Wanderrucksack, der sich über der Brust schließen lässt, so dass die Träger nicht über die Schultern rutschen
- Kleine Thermoskanne
- Schnitzmesser
- Lupe, eventuell mit Licht (Seite 168)
- Becherlupe (Seite 168)
- Insektenbox
- Kescher
- Taschenlampe (Seite 125)

Für Sport und Geschicklichkeitstraining

- Ball (Seite 139–141)
- Schwimmscheiben, die sich einzeln abnehmen lassen; sie erleichtern das Schwimmenlernen (Seite 185)
- Turnmatte (Seite 111, 115)
- Trampolin (Seite 82)
- Balance-Schnecke
- Stelzen (Seite 135)
- Pedalo (Seite 174)
- Jonglierteller

9. Kapitel

Mit allen Sinnen unterwegs

Sind wir als Kinder in unserem Entdeckerdrang und unserer Abenteuerlust nicht zuweilen bis an die Grenzen unserer Möglichkeiten gegangen: auf riesige Bäume geklettert, die höchsten Zäune überwunden, in unbekanntes Gelände vorgedrungen ...? Tatsächlich hatten Kinder früher einen wesentlich größeren Aktionsspielraum als heute. Sie konnten sich freier bewegen und waren nicht ständig den wachsamen Blicken besorgter Erwachsener ausgesetzt. Im Vergleich dazu wachsen die Kinder heute sehr behütet auf. Das nimmt ihnen leider viele Chancen, sich ihre Umwelt durch Neugier und Risikobereitschaft zu erobern. Umso mehr sollten wir die verbliebenen Möglichkeiten nutzen, ihrem Tatendrang Raum zu geben. Denn nur durch ausreichende Bewegung und Körpererfahrung können Kinder ihre Grenzen und ihr Körpergeschick austesten.

Auf dem Spielplatz

Über angelegte Kinderspielplätze rümpfen manche verächtlich die Nase – das seien doch nur Kinderreservate. Fragt sich nur: Wo sonst können kleine Kinder, besonders wenn sie in verkehrsreichen Großstädten wohnen, ihren Bewegungsdrang ausleben? Dabei gibt es, was die Größe, Ausstattung und Umgebung von Spielplätzen betrifft, allemal große Unterschiede. Private Spielplätze älterer Wohnanlagen bieten manchmal in der Tat einen trostlosen Anblick. Öffentliche Spielplätze sind zum Teil so überschaubar und zweckgerichtet angelegt, dass sie wenig Raum für Phantasie und kreatives Spiel lassen. Andere Anlagen dagegen bieten vielfache Möglichkeiten: Sie haben Platz zum Rennen und Toben, Bäume zum Klettern, Büsche zum Kriechen und Verstecken, Sand und Wasser, um Kanäle anzulegen – und Spielgeräte für alle Sinne. Da gibt es neben der üblichen Schaukel, Rutsche und Wippe vielleicht auch Karusselle und Schaukelreifen, Klettergerüste und Balanciergeräte, Tunnelrutschen und Kletterburgen. Für solche Plätze lohnt es sich, ab und zu einen längeren Weg in Kauf zu nehmen. Ein wenig Abwechslung schadet ohnehin nicht. Denn alles, was zur Routine wird, langweilt über kurz oder lang. Verbinden Sie doch einmal einen Sonn-

Klettern, balancieren, buddeln, verstecken – ein schöner Spielplatz bietet alle Möglichkeiten.

159

tagsausflug mit einem Spielplatzbesuch. Schließlich haben viele Ausflugsziele heutzutage wunderschöne Spielplätze anzubieten: Naturparks, Zoos, Waldlehrpfade (Seite 165–166), Almhütten, Ausflugsgaststätten oder Besucherparks größerer Flughäfen.

Gegen das tägliche Einerlei

Selbst wenn es nicht immer etwas Außergewöhnliches sein kann, gibt es Möglichkeiten, die alltägliche Routine zu durchbrechen. Wenn Sie den Spielplatz um die Ecke anpeilen, packen Sie nicht jedes Mal das Gleiche – etwa nur Sandspielzeug – ein. Nehmen Sie das eine Mal vielleicht einen Ball, das andere Mal ein Kirschsteinsäckchen (Seite 87–88) mit. Damit lassen sich schöne neue Spiele zur Wahrnehmungsförderung kreieren: Ihr Kind sitzt auf der Schaukel und Sie werfen ihm den Ball zu, den es während der Schaukelbewegung mit den Füßen wegtreten soll. Was noch schwieriger ist – Sie werfen ihm das Kirschsteinsäckchen zu, das es mit den Füßen auffangen soll.

Förderspiele im Wald

Ein Spaziergang oder eine Wanderung im Wald gehören zweifellos zu den Freizeitunternehmungen mit besonderem Erholungswert. Weitab vom Stress und Lärm des Alltags, vom Mief der Auto- und Industrieabgase ist der Wald eine Oase der Ruhe und Entspannung, in der wir abschalten und neue Kräfte tanken. Der Sprössling hasst aber Spaziergänge und möchte lieber etwas Spannendes erleben? Das kann man ihm auch im Wald bieten – sofern die Voraussetzungen stimmen. Jedenfalls sollte das Kind bei einem solchen Ausflug nicht in feiner Sonntagskleidung stecken. Sonst müssen es die Eltern ständig ermahnen: „Pass auf deine neue Hose auf!" – „Tritt mit deinen schönen Schuhen nicht in die Pfütze!" Dann brauchen sie sich nicht zu wundern, wenn ihr Kind den Sonntagsspaziergang todlangweilig findet, weil es ständig nur neben ihnen hertrotten darf. Wo doch im Wald so vieles darauf wartet, entdeckt und erforscht zu werden!

In der Tat, der Wald bietet zu jeder Jahreszeit eine Fülle von Sinneseindrücken und ein immer neues Angebot an Farben, Gerüchen und Geräuschen. Was gibt es dort nicht alles zu beobachten und zu lauschen, zu experimentieren und zu entdecken, zu fühlen und zu riechen! Lassen Sie der Neugier und dem Forscherdrang Ihres Sprösslings freien Lauf. Halten Sie Ihr Kind nicht davon ab, durchs Gebüsch zu kriechen, über liegende Baumstämme zu balan-

Beim Spaziergang im Wald macht man zuweilen spannende Entdeckungen.

161

cieren oder über einen Graben zu springen. All das trainiert die Sinne und fördert die Geschicklichkeit und Körperkoordination. Seien Sie nicht allzu ängstlich, dass Ihr Sprössling hinfallen und sich weh tun oder seine Kleidung ruinieren könnte. Ein kleines Erste-Hilfe-Set sollte für alle Fälle parat sein und eine Garnitur Ersatzkleidung im Rucksack kann ebenfalls nicht schaden.

Der weiche Waldboden eignet sich im Übrigen sehr gut zum Barfußlaufen. Gönnen Sie Ihrem Kind die Gelegenheit, sich auf diese Weise wichtige Fühlreize zu holen. Mit ein paar schönen Spielen kann man den Spaß und die Spannung beim Waldspaziergang steigern und der Nachwuchs lernt vieles dazu. Die folgenden Spielanregungen sind für Kinder ab etwa vier bis fünf Jahren, gegebenenfalls auch für größere Gruppen geeignet.

Was gehört nicht hierher?

Bei diesem Spiel wird zuerst ein Gelände bestimmt, in dem die Kinder versteckte Dinge suchen sollen. Das können Spielsachen, Haushaltsgegenstände, kleine Kleidungsstücke oder andere Dinge sein, die im Wandergepäck mitgebracht wurden. Dann bekommt jedes Kind eine Tüte und beginnt zu suchen und zu sammeln. Sind mehrere Kinder beteiligt, hat das Spiel wegen des Wettbewerbs natürlich einen besonderen Reiz: Wer findet die meisten Gegenstände? Aber auch für ein einzelnes Kind ist das Spiel noch spannend genug. Man verrät ihm, wenn es mit seinen Funden zurückkommt, wie viele Gegenstände noch fehlen. Wenn das Kind noch kleiner ist, kann man ihm notfalls noch einen Tipp geben: „Es ist grün wie das Gras und rund." – „Du bist vorhin, als du aus dem Gebüsch kamst, daran vorbeigelaufen." Dieses Suchspiel ist gut geeignet, die visuelle Wahrnehmung und Beobachtungsfähigkeit zu trainieren. Die Kinder müssen Gegenstände ausfindig machen, die unter Umständen aufgrund ihrer Farbe oder Form so gut der Umgebung angepasst sind, dass man sie nicht ohne weiteres finden kann. Das Spiel fördert zudem das Umweltbewusstsein: Dinge, die nicht in den Wald gehören, sollten dort nicht liegen bleiben. Vielleicht ergreift das Kind beim nächsten Waldspaziergang sogar von sich aus die Initiative und sammelt Dinge ein, die andere achtlos weggeworfen haben.

Blätter sammeln

Auch dieses Spiel im herbstlichen Laubwald spricht die visuelle Wahrnehmung an und trainiert darüber hinaus die Konzentrationsfähigkeit. Das Kind sucht im herumliegenden Laub ein Blatt, das ihm besonders gut gefällt. Anschließend ist der nächste Spieler dran: Er nimmt das Blatt und sucht im Laub ein Blatt, das anders aussieht als das erste, also von einer anderen Baumart stammt. Der dritte Spieler muss ein drittes, wiederum verschiedenes Blatt finden. Und so geht es weiter. Die Blättersammlung wird immer größer, bis am Ende kein andersartiges Blatt mehr zu finden ist. Bei einer größeren Anzahl von Kindern lässt sich das Spiel als Wettbewerb zwischen zwei Gruppen durchführen: Die Gruppe, die innerhalb einer vorgegebenen Zeit – beispielsweise drei Minuten – die meisten verschiedenartigen Blätter eingesammelt hat, hat gewonnen. Einen besonderen Lerneffekt bekommt das Spiel, wenn in der Wandergruppe ein Naturkenner ist, der die Bäume benennen und ihre Merkmale erklären kann. Aber übertreiben sollte er es nicht. Wer endlose Monologe hält, muss sich nicht wundern, wenn die kleinen Zuhörer das Interesse verlieren.

Vogelgezwitscher

Bei diesem Spiel geht es darum, die auditive Wahrnehmung und Konzentrationsfähigkeit zu schärfen. Für stress- und lärmgeplagte Menschen ist es darüber hinaus sehr entspannend. Die Teilnehmer bilden einen Kreis und setzen sich auf den Boden. Alle schweigen und lauschen. Sobald ein Spieler einen Vogel zwitschern hört, hebt er die Hand. Wer von den anderen Teilnehmern hat es noch gehört? Dieses Spiel lässt sich gut variieren. Anstelle von Vogelstimmen horcht man auf das Summen und Brummen der Insekten oder auf das Rascheln im Laub. Wer einmal anfängt, bewusst auf die Geräusche des Waldes zu achten, wird überrascht sein, wie vielfältig sie sind.

Suche im Laub

Welches Kind liebt es nicht, im Herbst durchs raschelnde Laub zu laufen und die bunten Blätter aufwirbeln zu lassen! Mit diesem Spiel lässt sich der Spaß am Blätterwirbel noch steigern und nebenbei die visuelle Wahrnehmung und der Tastsinn trainieren. Die Kinder sammeln das herumliegende Laub und türmen es zu einem Haufen auf. Alle müssen die Augen zumachen, während der Spielleiter einen Gegenstand im Laubhaufen versteckt. Das kann etwas Mitgebrachtes sein – wie eine Plastikdose oder Pappschachtel – oder ein Gegenstand, den man beim Spaziergang aufgelesen hat – zum Beispiel ein Tannenzapfen, eine große Kastanie oder ein Apfel. Wichtig ist nur, dass der Gegenstand keine Spitzen oder scharfen Kanten hat, an denen sich die Spieler verletzen könnten. Auf ein Startzeichen hin fangen alle mit den Händen zu suchen an. Wer den Gegenstand im Laubhaufen findet, hat gewonnen. Um das Spiel noch spannender zu gestalten, können sich die Teilnehmer die Augen verbinden.

Mein Freund, der Baum

Bäume nehmen für viele Menschen einen ganz besonderen Platz in der Natur ein. Sie strahlen Ruhe und Kraft aus und mit ihren Wurzeln, die fest im Boden verankert sind, vermitteln sie Sicherheit und Beständigkeit. Bei diesem Spiel geht es darum, einen Baum mit allen Sinnen kennen zu lernen und auf diese Weise eine besondere Beziehung zu ihm herzustellen. Das Kind sucht sich einen Baum aus, der ihm gefällt und den es näher kennen lernen möchte. Es betrachtet ihn zuerst eine Weile. Dann schließt es die Augen und beginnt den Baum mit seinen übrigen Sinnen zu erkunden. Mit dem Tastsinn fühlt es die Rinde, spürt Schwämme, Moos und Pflanzen, die am Baumstamm wachsen, und prüft, wie weit es mit seinen Armen den Stamm umfassen kann. Es legt das Ohr an die Rinde und horcht, ob darunter Geräusche zu vernehmen sind. Es atmet den Duft von Harz und Holz ein und kostet mit der Zunge den Geschmack der Rinde. Wenn das Kind noch kleiner ist und mit dem Spiel von sich aus nichts anzufangen weiß, sollten es die Eltern bei diesem Vorgehen behutsam anleiten. Später lässt sich an das Kennenlern- ein Wiedererkennungsspiel anknüpfen. Auf dem Rückweg vom Spaziergang fragt man das Kind: „Findest du deinen Baum wieder?" Dann kann es durch die Wiederholung des Spiels die Beziehung zu seinem Baum mit allen Sinnen festigen.

Auf dem Waldlehrpfad

Wer nach wie vor Zweifel hat, ob man im Wald viel mehr unternehmen kann als spazieren gehen und Pilze sammeln, sollte sich einmal nach einem Waldlehr- oder Walderlebnispfad erkundigen. Solche Einrichtungen sind bestens ge-

eignet, uns komfortverwöhnten Menschen einen besseren
Bezug zur Natur zu vermitteln. Auf angelegten Rundwegen
mit Informations- und Schautafeln erfährt man Interessan-
tes und Wissenswertes rund um den Wald. Meistens geht es
um Themen, die auf die Besonderheiten des betreffenden
Waldes zugeschnitten sind. Die Besucher lernen Bäume
und Sträucher kennen, erfahren Näheres über die Bewoh-
ner des Waldes und ihren Lebensraum, lernen, mit Hilfe
von Grafiken die Fährten der Waldtiere zu bestimmen, und
können ihr neu erworbenes Wissen oft an Ort und Stelle
testen. Denn viele Lehrpfade haben neben Informationsta-
feln auch ein Quiz anzubieten. Da können Kinder und Eltern gleichermaßen demonstrieren, wie gut sie Bescheid
wissen. Wobei es gar nicht selten vorkommt, dass die Kinder die Nase vorn haben! Einige Walderlebnispfade bieten
auf ihren Rundwegen den Besuchern außerdem Möglichkeiten, den Wald durch eigenes Handeln, durch Hören und
Sehen, Bewegen und Tasten zu erkunden. So gibt es zum
Beispiel im Walderlebniszentrum Grünwald südlich von
München einen Tastpfad, der mit verschiedenen Materialien wie Steinen, Sand, Holz oder Rindenmulch ausgelegt
ist. Da werden die Besucher aufgefordert, ihre Strümpfe
und Schuhe auszuziehen und barfuß über den Pfad zu laufen. Dass dieses Angebot vor allem für Kinder einen besonderen Reiz hat, merkt man, wenn man eine Weile zusieht.
Am Wegrand stehen die Eltern und drängen „Komm schon,
wir wollen zur nächsten Station gehen", aber das Kind bet-
telt immer wieder: „Noch einmal!" Es macht einfach zu viel
Spaß, diese faszinierende neue Spürerfahrung auszukosten! Wenn einem Kind der Tastpfad schon vertraut ist und
es sich sicher darauf bewegt, kann man den Barfußlauf variieren. Man nimmt das Kind an der Hand und lässt es mit
geschlossenen oder verbundenen Augen über den Pfad laufen. So wird das Tasterlebnis noch intensiver. Generell för-

166

Gras und weicher Boden sind der ideale Untergrund zum Barfußlaufen.

dert Barfußlaufen die taktile Wahrnehmung. Deshalb sollte man dem Kind sooft es geht die Möglichkeit gönnen, barfuß zu gehen.

Urlaub für die Sinne

Berge oder Strand, Wandern oder Faulenzen? Egal, worin die persönlichen Urlaubsvorlieben der Eltern bestehen, auch für das Kind sollte etwas geboten sein; vor allem die Möglichkeit, die neue Umgebung mit allen Sinnen kennen zu lernen.

167

Natur unter der Lupe

Wer mit seiner Familie auf Wanderschaft geht, sollte immer eine Lupe dabei haben. Denn was gibt es in Gras, Sträuchern und Hecken nicht alles zu entdecken: Würmer, Käfer, Spinnen, Heuschrecken, Schmetterlinge ... Ideal ist eine Becherlupe, in die man das Tier vorsichtig hineinsetzt, um es in aller Muße betrachten zu können, bevor man es davonfliegen, -krabbeln oder -hüpfen lässt. Durch das Vergrößerungsglas ist der Körperbau des kleinen Tieres in allen Details zu sehen. Sprechen Sie gemeinsam darüber, welche Bedeutung und Funktion das Äußere der Tiere hat: die Fühler, die Flügel, Farben und Muster zum Täuschen und Tarnen ... Oft hinterlassen solche Naturbeobachtungen bei Kindern einen nachhaltigen Eindruck. Das merkt man unter anderem daran, dass sie sich beim Nach-

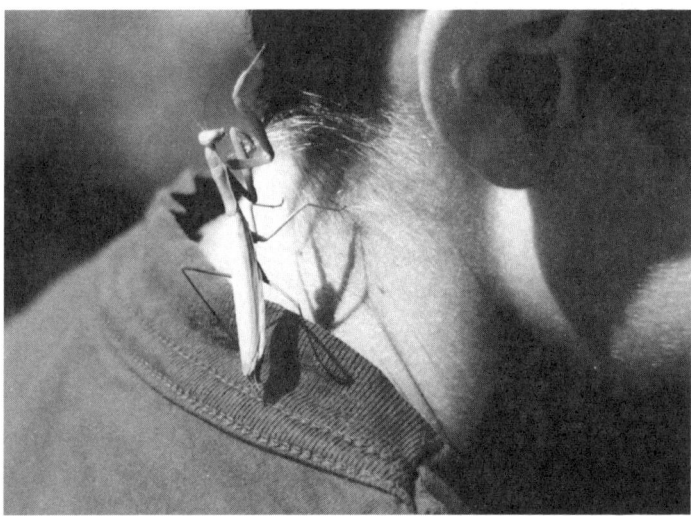

Mit der Natur auf Tuchfühlung: Von Krabbeltieren sind viele Kinder fasziniert.

hausekommen sofort Papier und Buntstifte schnappen und versuchen, die Tiere, die sie gesehen haben, zu zeichnen. Und die Erwachsenen sind nicht selten erstaunt, wie detailgetreu die Werke ausfallen. Manche Kinder entwickeln bei solchen Naturbeobachtungen einen ungeheuren Wissensdurst. Unser Sohn Robert zum Beispiel wurde auf diese Weise zum Hobbybiologen. Mit seinem detaillierten Wissen über Käfer, Spinnen und Heuschrecken, vor allem aber über Gottesanbeterinnen, brachte er nach kurzer Zeit selbst Kenner zum Staunen.

Eingebuddelt

So schön der Sandkasten zu Hause im eigenen Garten ist – im Urlaub am Strand macht das Sandbuddeln gleich noch einmal so viel Spaß. Tiefe Löcher graben, Kanäle anlegen, Sandburgen bauen – bei solchen Beschäftigungen verfliegt die Zeit im Nu. Ein ganz besonderes Erlebnis ist es für das Kind, sich bis zum Hals in den Sand eingraben zu lassen. Die Spürerfahrungen, die es dabei macht, bleiben ihm lange Zeit gegenwärtig. Zuerst wird gemeinsam mit Papa oder Mama ein Loch gegraben. Das Kind spürt den weichen, rieselnden Sand, der sich an der Oberfläche warm und trocken anfühlt, aber immer kühler, feuchter und schwerer wird, je tiefer man gräbt. Wenn das Loch groß genug ist, legt sich das Kind hinein, lässt sich zuschütten und genießt das Gefühl, unter dem Gewicht des Sandes fest und sicher umschlossen zu sein, darin Geborgenheit und Halt zu erfahren. Zum Schluss kommt der triumphale Augenblick, in dem es die Last abwirft, aus dem Loch krabbelt und sich wieder frei bewegen kann.

169

Buddeln im Sand macht Spaß – und regt den Tastsinn und die Körperwahrnehmung an.

Malen im Sand

An einem Sandstrand kann das Kind nicht nur nach Herzenslust buddeln, sondern auch Sandbilder anfertigen. Mit dem Finger malt es Figuren in den Sand. Danach gestaltet es das Bild mit Naturmaterialien wie Wasser, Steinen, Muscheln, Gras und Zweigen. Zum Schluss umrahmt es das Werk mit Zweigen oder Steinen. Das Malen von Sandbildern ist ein faszinierender Zeitvertreib, der sich nach dem Urlaub problemlos in den Alltag hinüberretten lässt. Dazu muss man nur ein Tablett oder eine ausrangierte Schublade mit Sand füllen und das Kind mit den Fingern darin malen lassen. Das ist zum einen gut für die taktile Wahrnehmung; zum anderen wird durch die fließenden Bewegungen die Körperkoordination verbessert.

10. Kapitel

Wenn professionelle Hilfe nötig ist

Ärztliche Abklärung

Falls Sie bei Ihrem Kind Auffälligkeiten beobachtet haben, die auf Wahrnehmungsstörungen hindeuten, ist es ratsam, dies ärztlich abklären zu lassen. Am besten wenden Sie sich an Ihren Kinderarzt oder an einen Neurologen. Dort erhalten Sie die ärztliche Verordnung für eine gegebenenfalls anstehende Therapie. Eine weitere Möglichkeit besteht darin, einen Kinderpsychiater oder eine kinderpsychiatrische Fachklinik aufzusuchen. Nur dort bekommen Sie neben einer ärztlichen Verordnung eine ärztliche Bescheinigung zur Vorlage beim Jugendamt. Sie ist erforderlich, wenn eine heilpädagogische Maßnahme anstehen sollte (Seite 176), da in diesem Fall das Jugendamt für die Kostenerstattung zuständig ist.

Erziehungsberatung

Wenn ein Kind in erster Linie Verhaltensauffälligkeiten zeigt, wenden sich Rat suchende Eltern gern an eine Erziehungsberatungsstelle. Das ist eine sehr empfehlenswerte Möglichkeit, denn dort bekommt man nicht nur solide pädagogische Anleitungen für den Alltag, sondern gegebenenfalls auch Adressen für eine Diagnose und eventuell eine Therapie.

Therapie- und Fördermöglichkeiten

Eine Therapie oder Förderung in Anspruch zu nehmen hat zweifellos große Vorteile. Der wichtigste: Das Kind bekommt gezielte Hilfe! Der Therapeut kann seine Probleme und Bedürfnisse einordnen und bei der Behandlung entsprechende Schwerpunkte setzen. Mehr noch, er hat genügend Zeit, das Kind genauer kennen zu lernen und es sorgfältig zu beobachten. So kann er die ärztliche Diagnose bis ins Detail prüfen, sich ein sehr klares Bild vom Entwicklungsstand des Kindes machen und den Weg für seine weitere Förderung abstecken. Das bedeutet auch für die Eltern eine Entlastung. Sie müssen nicht länger die Bürde mit sich herumtragen, für die gesunde Entwicklung ihres Kindes allein verantwortlich zu sein. Sie können loslassen und ein Stück der Verantwortung in kompetente Hände legen. Gewiss kommt je nach Problemlage die eine Therapie oder Förderung mehr, die andere weniger in Frage. Doch muss das jeweilige Angebot nicht in allen Einzelheiten auf das Kind zugeschnitten sein. Fast genauso wichtig ist, dass es Spaß daran hat. Das steigert die Erfolgaussichten mitunter erheblich.

Die wichtigsten Therapie- und Förderangebote für Kinder mit Wahrnehmungsproblemen sind auf den folgenden Seiten beschrieben. Dazu ist jeweils eine Adresse genannt, an die Sie sich für nähere Auskünfte wenden können.

Weitere Adressen in Deutschland, Österreich und der Schweiz finden Sie im Anhang ab Seite 189.

Ergotherapie und sensorische Integrationstherapie

Zur Ergotherapie kommen in der Regel Kinder mit Entwicklungsstörungen in der Grob- und Feinmotorik, in der Wahrnehmung und im Sozialverhalten. Eines der Konzepte, nach denen man hier häufig arbeitet, ist die sensorische Integrationstherapie nach Jean Ayres, die ihren Schwerpunkt auf die Verknüpfung der Sinneswahrnehmungen legt (Seite 36). Kennzeichnend für die Ergotherapie bei Kindern ist eine spielerische Vorgehensweise. Die Therapeutin oder der Therapeut bietet dem Kind Spiele an, die nicht nur die Wahrnehmung und Motorik verbessern, sondern auch Spaß machen und Erfolgserlebnisse vermitteln: zum Beispiel Kneten mit Knetmasse, Basteln, Werken und Malen. Der Einsatz von Übungsgeräten und Materialien ist sehr vielfältig: Schaukel, Hängematte, Rollbrett, Pedalo, Ball oder Bällebad; Holz, Ton, Farben, Stein oder Textilien. Der Behandlungsschwerpunkt hängt hauptsächlich von den speziellen Wahrnehmungsproblemen des Kindes ab. Die Eltern werden, so weit es geht, einbezogen und erhalten Anleitung, wie sie therapeutische Ansätze im Alltag weiterverfolgen können. Die Kosten für eine Ergotherapie übernehmen die Krankenkassen nach einer ärztlichen Verordnung.

Deutscher Verband der Ergotherapeuten e.V.
Postfach 2208
76303 Karlsbad
Tel.: 0 72 48/9 18 10
Fax: 0 72 48/91 81 71
E-Mail: info@dve.info
Internet: www.ergotherapie-dve.de

Krankengymnastik

In der Krankengymnastik behandelt man überwiegend Bewegungsauffälligkeiten im grobmotorischen Bereich. Auch Haltungsschwächen und Fehlstellungen des Bewegungsapparates fallen in den Zuständigkeitsbereich der Krankengymnastik. Für bewegungsauffällige Kinder gibt es unter anderem die Methoden nach Vojta und Bobath; beide arbeiten auf neurophysiologischer Grundlage. Bei der Methode nach Bobath lernt das Kind unter Anleitung des Therapeuten koordinierte Bewegungsabläufe kennen: Kopf- und Rumpfkontrolle, Gleichgewichtsreaktionen und Gleichgewichtsübertragungen. Als Leitfaden dienen die normalen Entwicklungsstufen in den ersten Lebensjahren. Bei der Methode nach Vojta werden in bestimmten Ausgangslagen (Rücken-, Seiten- oder Bauchlage) über definierte Zonen am Rumpf und an den Gliedmaßen Reize gesetzt, um damit bestimmte Haltungs- und Bewegungsmuster auszulösen. Diese gelten als Voraussetzung für zielgerichtete Bewegung und eine dynamische Anpassung der Körperlage.

Deutscher Verband für Physiotherapie –
Zentralverband der Physiotherapeuten/
Krankengymnasten (ZVK) e.V.
Deutzer Freiheit 72–74
50679 Köln
Tel.: (02 21) 98 10 27-0
Fax: (02 21) 98 10 27-25
E-Mail: info@zvk.org
Internet: www.zvk.org

Heilpädagogik

Heilpädagogische Einzelförderung richtet sich in erster Linie an Kinder, deren Schwierigkeiten im psycho-sozialen oder geistigen Bereich liegen. Aber auch Kinder mit verschiedenen Teilleistungsstörungen – zum Beispiel mit Problemen in Sprache, Motorik und Wahrnehmung – sprechen auf eine heilpädagogische Förderung gut an. Die Heilpädagogik lehnt sich teilweise an die Spieltherapie an; deshalb hat das gemeinsame Spiel eine zentrale Bedeutung. Der heilpädagogischen Einzelförderung liegt kein einheitliches Konzept zugrunde. Vielmehr gibt es unterschiedliche Schwerpunkte, die sich beispielsweise an der Montessori-Therapie, der Musiktherapie oder der Psychomotorik (Seite 178) ausrichten. Heilpädagogische Einzelförderung wird von niedergelassenen Heilpädagogen angeboten. Die Kostenerstattung erfolgt nicht auf ärztliche Verordnung. Stattdessen ist ein Gutachten eines Kinderpsychiaters beziehungsweise einer neuropädiatrischen oder kinderpsychiatrischen Fachklinik erforderlich. Sofern daraus eindeutig hervorgeht, dass die Notwendigkeit einer heilpädagogischen Förderung besteht, übernimmt das Jugendamt die Kosten.

Berufsverband der Heilpädagogen (BHP) e. V.
Geschäftsstelle
Andreas-Gayk-Straße 13
24103 Kiel
Tel.: 04 31/9 71 04 00
Fax: 04 31/9 71 04 01
E-Mail: info@heilpaedagogik.de
Internet: www.heilpaedagogik.de

Logopädie

Eine logopädische Therapie ist anzuraten, wenn ein Kind Sprachprobleme welcher Art auch immer hat: beispielsweise wenn sein Sprachverständnis oder sein Wortschatz eingeschränkt, seine Aussprache oder sein Satzbau fehlerhaft sind. Tatsächlich beruhen Sprachschwierigkeiten bei Kindern, insbesondere die Sprachentwicklungsstörung, nicht selten auf Wahrnehmungsstörungen. Bei der logopädischen Behandlung von Kindern wird hauptsächlich spielerisch vorgegangen. Beim Spiel, etwa mit Puppen oder Spielfiguren, versucht die Logopädin oder der Logopäde, mit dem Kind ins Gespräch zu kommen und seine Sprechfreude zu wecken. Auf diese Weise kann das Kind seinen Wortschatz und sein Sprachverständnis erweitern, was wiederum die Voraussetzung für die Weiterentwicklung der Sprache ist. Zu einer logopädischen Therapie bei Kindern gehören daneben Horchspiele zur Verbesserung der Hörwahrnehmung, Pustespiele zur Verbesserung der Mundmotorik, Konzentrationsspiele und das spielerische Üben von Handlungsabläufen. Logopädische Behandlungsstunden werden nach ärztlicher Verordnung von den Krankenkassen erstattet.

Deutscher Bundesverband für Logopädie e.V.
Augustinusstraße 11a
50226 Frechen
Tel.: 0 22 34 / 69 11 53
Fax: 0 22 34 / 96 51 10
E-Mail: info@dbl-ev.de
Internet: www.dbl-ev.de

Psychomotorik

Psychomotorik eignet sich für Kinder im Alter von etwa drei bis zwölf Jahren. Wie der Name schon ausdrückt, richtet sich die Psychomotorik an Körper und Seele gleichermaßen und versteht sich von daher als ganzheitliches Konzept zur Entwicklungsförderung bei Kindern. Eine wichtige Rolle spielt dabei das Gruppenerleben. Durch gemeinsames Spiel, Bewegung und kreatives Gestalten können die Kinder ihre Motorik, ihre Körperwahrnehmung und gleichzeitig ihre sozialen und kommunikativen Fähigkeiten verbessern. Zum Einsatz kommen dabei Materialien und Geräte, die bei Kindern sehr beliebt sind, weil sie großen Spaß versprechen: zum Beispiel Bausteine, Rollbretter oder Schwungtücher, aber auch Alltagsmaterialien, mit denen es sich gut experimentieren lässt, wie Korken, Pappbecher oder Zeitungspapier. Psychomotorische Entwicklungsförderung, die in Gruppen von bis zu 30 Teilnehmern angeboten wird, ist flächendeckend in ganz Deutschland zu finden. Die Kosten werden teilweise von den Krankenkassen erstattet. Daneben gibt es die psychomotorische Therapie, die in kleinen Gruppen von drei bis fünf Teilnehmern stattfindet. Die Krankenkassen übernehmen die Kosten nicht oder höchstens als Einzelfallentscheidung.

Aktionskreis Psychomotorik e.V.
Kleiner Schratweg 32
32657 Lemgo
Tel.: 05261/970970
Fax: 05261/970972
E-Mail: akp@psychomotorik.com
Internet: www.psychomotorik.com

Motopädagogik und Mototherapie

Die Begriffe Psychomotorik und Motopädagogik beziehungsweise Mototherapie hängen eng zusammen, obwohl sie nicht völlig gleichbedeutend sind. Ganz allgemein kann man jedoch sagen: Motopäden und Mototherapeuten arbeiten auf der Grundlage der Psychomotorik. Motopädagogik versteht sich als *ganzheitliches* Konzept zur Erziehung durch Wahrnehmung, Erleben und Bewegen. Dabei setzt man die motorischen Grundbewegungsmuster spaßbetont ein. Mototherapie dagegen wird als *bewegungsorientierte* Methode zur Behandlung von Bewegungsauffälligkeiten, Wahrnehmungsstörungen, Hyperaktivität und anderen Entwicklungsstörungen beschrieben. Beiden Konzepten ist gemeinsam, dass sie bei den Stärken des Kindes und nicht bei seinen Schwächen ansetzen. Motopädagogik und Mototherapie werden für Kinder im Alter von etwa drei bis zwölf Jahren angeboten und finden meistens in Kleingruppen statt.

Deutscher Berufsverband der MotopädInnen/MototherapeutInnen, DBM, e.V.
Geschäftsstelle
Hörder Bahnhofstraße 6
44263 Dortmund
Tel.: 0231/829324
Fax: 0231/4964771
Internet: www.motopaedie-verband.de

Heilpädagogisches Reiten und Voltigieren

Heilpädagogisches Reiten und Voltigieren ist eine ganzheitliche Methode, bei der mit Hilfe des Pferdes die individuelle und soziale Entwicklung von verhaltensauffälligen, wahrnehmungsgestörten, behinderten oder psychisch kranken Menschen gefördert werden soll. Es handelt sich also nicht um Reitstunden im herkömmlichen Sinn, denn heilpädagogische Reitstunden dürfen nur Pädagogen, Psychologen oder Psychotherapeuten mit entsprechender Zusatzausbildung leiten. Bei der Arbeit und dem Umgang mit dem Pferd, das ebenfalls speziell ausgebildet ist, lernen Kinder, mit Ängsten und Frustrationen umzugehen, und können dadurch Selbstsicherheit und Selbstwertgefühl aufbauen. Auch die Konzentrationsfähigkeit kann sich verbessern. Nicht zuletzt lassen sich motorische Defizite ausgleichen und die Körperwahrnehmung verbessern. Heilpädagogisches Reiten und Voltigieren wird bei Bedarf als Einzelförderung, meistens aber in Kleingruppen angeboten. So wirkt sich zum einen der Umgang mit dem Pferd, zum anderen das Gruppenerleben günstig auf das Sozialverhalten des Kindes aus. Die Krankenkassen übernehmen die Kosten gewöhnlich nicht oder nur als Einzelfallentscheidung.

Deutsches Kuratorium für Therapeutisches Reiten e.V.
Freiherr-von-Langen-Straße 8a
48231 Warendorf
Tel.: 0 25 81/92 79 19-1 und 92 79 19-2
Fax: 0 25 81/92 79 19-9
E-Mail: dkthr@fn-dokr.de
Internet: www.dkthr.de

Audio-Psycho-Phonologie

Die Audio-Psycho-Phonologie, auch Horchtherapie genannt, geht auf den französischen Hals-Nasen-Ohrenarzt Dr. Alfred Tomatis zurück. Bei dieser Therapie kommt ein besonderes Gerät, das so genannte „elektronische Ohr" zum Einsatz: Der Patient hört über Kopfhörer individuell eingestellte Klänge, wobei sich zwei Kanäle ständig unvermittelt abwechseln, so dass beim Hören die Ohrmuskeln abwechselnd gespannt und entspannt – gewissermaßen trainiert – werden. Außerdem werden im Verlauf der Behandlung die Klänge Schritt für Schritt gefiltert; die niedrigen Frequenzen fallen heraus, so dass allmählich nur noch hohe Frequenzen zu hören sind. Das hat den Zweck, den Patienten ins vorgeburtliche Klangmilieu zurückzuführen, wo vor allem hohe Frequenzen auf das Innenohr des Ungeborenen einwirkten. Auf diese Weise soll der Patient den gesamten Ablauf seiner Hörentwicklung nochmals nachvollziehen – angefangen bei der Klangwelt im Mutterleib. Beim Horchtraining nach Tomatis geht es nicht nur um die Verbesserung der auditiven Wahrnehmung, sondern auch aller darauf aufbauenden Funktionen wie Gleichgewicht, Konzentration, Raumorientierung, Motorik und Sprache. Die Kosten für die Therapie werden von den Krankenkassen nicht erstattet.

Deutsche Fachgemeinschaft
für Audio-Psycho-Phonologie
Maulbronner Steige 2
75438 Knittlingen
Tel. und Fax: 0 70 43/92 01 07
Internet: www.fapp.de

Rhythmik

Rhythmische Erziehung versteht sich allgemein als Wahrnehmungs- und Ausdruckserziehung mit den Mitteln von Musik, Sprache und Bewegung. Sie wurde vor rund hundert Jahren als Weiterentwicklung der Musikpädagogik eingeführt. Später entwickelte sie sich jedoch in mehrere Richtungen – darunter die Heilpädagogik – weiter. Kennzeichnend für die rhythmische Erziehung ist, dass in den Rhythmikstunden nicht nur Musikinstrumente wie Klavier, Flöte, Gong, Triangel oder Trommel zum Einsatz kommen, sondern auch besondere Spielgeräte, die zu Bewegung und kreativer Gestaltung anregen: Schlaghölzchen, Rasselbüchse, Reifen, Litzenseil oder Zauberschnur. Durch das Umsetzen von Rhythmus und Musik in Bewegung fördert man unter anderem Hörwahrnehmung, Raumorientierung, Körperwahrnehmung, Tast- und Spürsinn, motorische Geschicklichkeit und Konzentrationsfähigkeit. Rhythmik als Sonderform von heilpädagogischer Förderung wird vor allem in Behinderteneinrichtungen eingesetzt. Allgemein besteht das Angebot einer rhythmischen Erziehung in manchen Kindergärten, Schulen und Horten oder in Einrichtungen der Jugend- und Sozialarbeit sowie vereinzelt bei besonderen Bildungseinrichtungen.

Bundesverband Rhythmische Erziehung
Küppelstein 34
42857 Remscheid
Tel.: 0 21 91/7 94-2 57
Fax: 0 21 91/7 94-2 59
E-Mail: BRE@rhythmik-bre.de
Internet: www.rhythmik-bre.de

Verhaltenstherapie

Verhaltenstherapie ist vor allem für Kinder mit ADHS und Verhaltensauffälligkeiten zu empfehlen. Ziel der Therapie ist, das gegenwärtige Verhalten zu verändern: durch Verlernen, Umlernen und Neulernen. Es geht also nicht darum, seelische Konflikte aufzuspüren, sondern unmittelbar am Symptom zu arbeiten. Die Therapie setzt sich aus mehreren Bausteinen zusammen. Im Basistraining werden die Grundfertigkeiten zur Aufmerksamkeit eingeübt: genaues Hinschauen und Hinhören, die Wiedergabe von Wahrgenommenem, das Einüben überlegter Reaktionen. Außerdem erhalten die Eltern in einem separaten Programm Informationen über die Therapie und gezielte Anleitungen, wie sie ihr Kind im Alltag unterstützen und fördern können. In weiteren Schritten werden in der Verhaltenstherapie Strategien zur Problemlösung entwickelt, effektive Lernmethoden vermittelt und neue Verhaltensweisen in Rollenspielen eingeübt. Das Kind lernt, sich selbst zu beobachten, seine Reaktionen zu kontrollieren, und kann auf dieser Grundlage neue soziale Kompetenzen aufbauen.

Deutsche Gesellschaft für Verhaltenstherapie e.V.
Neckarhalde 55
Postfach 1343
72003 Tübingen
Tel.: 0 70 71/9 43 40
Fax: 0 70 71/94 34 35
E-Mail: dgvt@dgvt.de
Internet: www.dgvt.de

Sportliche Förderung

Anstelle einer regelrechten Therapie reicht manchmal schon sportliches Training für eine Wahrnehmungsförderung aus. Doch auch hier heißt es: Alles mit Maß. Leider haben heutzutage schon Vorschulkinder mitunter eine Terminplanung, die einem Manager Ehre machen würde: montags Tennis, dienstags Kinderturnen, mittwochs Klavierstunde, donnerstags Fußballtraining … Ihr Kind gehört hoffentlich nicht dazu. Und Sie gehören hoffentlich nicht zu den Eltern, die sich mit einem schlechten Gewissen herumplagen, wenn sie sich diesem Trend nicht anschließen. Statt vollem Programm sollte man lieber mit Bedacht auswählen. Ein Termin, höchstens zwei pro Woche genügen vollauf. Überlegen Sie gemeinsam mit Ihrem Nachwuchs, welche Sportart am ehesten in Frage kommt. Wenn das Kind Probleme mit seiner Wahrnehmung und Körpergeschicklichkeit hat, ist eine Sportart, bei der allein Leistung und Schnelligkeit zählen, ohnehin nicht die geeignetste. Auch Mannschaftssportarten bieten sich nicht vorrangig an, da ungeschickte Kinder dabei nicht selten gemobbt werden. Es gibt jedoch einige Sportarten, die gerade für Kinder mit Wahrnehmungsstörungen sehr zu empfehlen sind.

Reiten: Selbst wenn in erreichbarer Nähe kein Angebot für Heilpädagogisches Reiten (Seite 180) besteht, ist Reiten für Kinder mit Wahrnehmungsproblemen ganz allgemein zu empfehlen. Es verbessert die Körperkoordination und das Gleichgewicht und hilft dem Kind, ein besseres Gefühl für den eigenen Körper zu bekommen. Auch die intensive Beziehung zum Tier ist eine schöne und wichtige Erfahrung für das Kind. Es lernt, sich auf das Pferd und dessen Eigenheiten einzulassen. Dadurch kann es ein besseres Selbstwertgefühl entwickeln und Ängste abbauen.

Judo: Der Begriff kommt aus dem japanischen „ju" = sanft nachgeben und „do" = Weg, Grundsatz. Es geht beim Judo nicht darum, einen Gegner kampfunfähig zu machen, sondern um einen sportlichen Zweikampf nach festgelegten Regeln. Die Ausbildung umfasst Wurf- und Falltechniken sowie Festhalte- und Befreiungsgriffe. Judo fördert die Grob- und Feinmotorik, übt die Körperkoordination und die Kraftdosierung. Da ein enger Körperkontakt mit dem Partner unerlässlich ist, entwickeln die Kinder bald eine genaue Vorstellung von ihrem eigenen Körper und dem des anderen. Judo eignet sich somit besonders für Kinder mit Schwierigkeiten im taktil-kinästhetischen Bereich. Zudem gibt es keine Gegner, sondern nur Partner, denen mit Respekt zu begegnen ist, wodurch ein soziales Miteinander gefördert wird. Kinder, die Probleme mit direktem Körperkontakt haben, können bei dieser Sportart soziale Kompetenzen erwerben und ihr Selbstwertgefühl stärken. Mit den individuellen Fortschritten und Erfolgserlebnissen (etwa bei der Gürtelprüfung) wächst ihre Gewandtheit und Sicherheit. Judo wird in Vereinen und privaten Sportschulen für Kinder ab fünf oder sechs Jahren angeboten.

Schwimmen   oder generell Bewegung im Wasser bereitet vielen Kindern großes Vergnügen. Das Element Wasser ist darüber hinaus bestens geeignet, die taktil-kinästhetische Wahrnehmung – vor allem die Körperkoordination – zu verbessern. Denn koordinierte Arm- und Beinbewegungen sind das A und O beim Schwimmen. Allerdings ist eine Teilnahme am Schwimmkurs frühestens ab dem Alter von fünf Jahren zu empfehlen. Doch schon für Nichtschwimmer hat der Aufenthalt im Wasser reichlich Spaß zu bieten. Ausgiebiges Spritzen und Planschen lässt Babys und Kleinkinder mit dem Wasser vertraut werden. Wenn es später mit dem Schwimmen ohne Schwimmhilfe klappt, werden

185

weitere Fertigkeiten geübt: Springen und Tauchen oder Gleiten mit Flossen. Im Schwimmverein können Kinder schließlich verschiedene Schwimmtechniken erlernen und sich im Streckenschwimmen, Tief- und Streckentauchen üben.

Anhang

Glossar

ADS, ADHS: Aufmerksamkeitsdefizitsyndrom oder Aufmerksamkeitsdefizit-/Hyperaktivitätsstörung. Die betroffenen Kinder fallen unter anderem durch mangelnde Aufmerksamkeit, Impulsivität und motorische Überaktivität auf.

Auditive Wahrnehmung: Die Verarbeitung von Reizen, die über den Gehörsinn aufgenommen werden.

Dominanz: Das Bevorzugen einer Körperseite beim Ausführen von Bewegungen.

Dyspraxie: Die mangelnde Fähigkeit, motorisch zielgerichtet und zweckmäßig zu handeln. Das Kind ist nicht oder nur unzureichend in der Lage, Bewegungsabläufe zu planen und umzusetzen.

Eigenwahrnehmung: Verarbeitung von Reizen, die aus dem eigenen Körper stammen.

Grundsinne: Tastsinn, Gleichgewichtssinn, Muskel- und Stellungssinn.

Kinästhetische Wahrnehmung: Die Verarbeitung von Reizen, die über den Muskel- und Stellungssinn und den Gleichgewichtssinn aufgenommen werden.

Körperbewusstsein: Sammelbegriff für die drei Funktionen

- *Körperbegriff* (alles, was man über den Körper weiß, zum Beispiel, dass der Mensch zwei Augen, zwei Ohren, zwei Arme und Beine hat),

- *Körperimago* (wie man den eigenen Körper sieht und empfindet),
- *Körperschema* (koordinative Fähigkeiten des Körpers, um sich automatisch verschiedenen Anforderungen und Gegebenheiten anzupassen).

Lateralität: Die bevorzugte Verarbeitung von Sinneseindrücken in einer der beiden Hirnhälften.

Muskeltonus: Grundspannung der Muskulatur, die über die taktil-kinästhetische Wahrnehmung beeinflusst wird.

Sensomotorik: (lat. *sensus* = Sinn, Wahrnehmung; *Motorik* = Bewegung) Die mit der Aufnahme von Sinnesreizen gekoppelten Bewegungsimpulse.

Sensorische Integration: Die Zusammenarbeit der Sinne. Sinnliche Erfahrungen werden in sinnvoller Weise miteinander verbunden und im Gehirn verarbeitet.

Sinne, Sinnesorgane: Die sieben Sinne (Sinnesorgane) des Menschen sind: Sehsinn (Augen), Gehörsinn (Ohren), Geruchssinn (Nase), Geschmackssinn (Zunge), Tastsinn (Haut), Gleichgewichtssinn, Muskel- und Stellungssinn.

Taktile Wahrnehmung: Die Verarbeitung von Sinnesreizen, die über den Hautsinn aufgenommen werden.

Taktil-kinästhetische Wahrnehmung: Das Zusammenwirken der drei → *Grundsinne* (Tastsinn, Gleichgewichtssinn, Muskel- und Stellungssinn).

Teilleistungsstörungen: Beeinträchtigungen in Teilbereichen, die häufig, aber nicht immer auf Wahrnehmungsstörungen beruhen. Sie machen sich unter anderem bemerkbar durch Rechenschwächen, Lese-Rechtschreibschwächen, Sprachprobleme, Aufmerksamkeitsstörungen oder Kontaktschwierigkeiten.

Visuelle Wahrnehmung: Die Verarbeitung von Reizen, die über den Sehsinn aufgenommen werden.

Adressen

Siehe auch Adressen S. 174–183.

Deutschland

Bundesverband Aufmerksam-
keitsstörung/Hyperaktivität e.V.
Postfach 60
D-91291 Forchheim
Tel.: 0 91 91/70 42 60
Fax: 0 91 91/3 48 74
E-Mail: info@bv-ah.de
Internet: www.bv-ah.de

Bundesvereinigung SeHT e.V. –
Selbständigkeitshilfe bei
Teilleistungsschwächen
Niedererdstraße 105
67071 Ludwigshafen
Tel.: 06 21/6 85 88 42
Fax: 06 21/6 85 87 43
E-Mail: bv-v@seht.de
Internet: www.seht.de

Verein zur Förderung wahrneh-
mungsgestörter Kinder e.V.
Ben-Gurion-Ring 161
60437 Frankfurt
Tel: 0 69/95 43 18-0
Fax: 0 69/95 43 18-17
E-Mail:
info@wahrnehmungsstoerung.com
Internet:
www.wahrnehmungsstoerung.com

Deutsche Gesellschaft für
Sprachheilpädagogik e.V.
Goldammerstraße 34
12351 Berlin
Tel.: 0 30/6 61 60 04
Fax: 0 30/6 61 60 24
E-Mail: info@dgs-ev.de
Internet: www.dgs-ev.de

Österreich

akmö – Aktionskreis
Motopädagogik Österreich
Ungargasse 22/1/4
1030 Wien
Tel. und Fax: 00 43/1/9 61 01 69
E-Mail: akmoe@motopaedagogik.at
Internet: www.motopaedagogik.at

Berufsverband der Psychomotori-
kerinnen und Psychomotoriker
Österreichs
Gärtnergasse 4–8
2340 Mödling
Tel.: 00 43/1/7 10 97 46
Internet: http://www.psychomot.
org/bvpo.html

Heilpädagogische Gesellschaft
Österreich
Präsident: Dr. Heinz Gruber
Freyung 1
1014 Wien
Tel.: 00 43/1/5 31 20-25 00
Fax: 00 43/1/5 31 20-25 09
E-Mail: heinz.gruber@bmbwk.gv.at
Internet: www.heilpaedagogik.at

Österreichische Gesellschaft für
Verhaltenstherapie
Kolingasse 11
1090 Wien
Tel.: 00 43/1/3 19 70 22
Fax: 00 43/1/3 19 72 40
E-Mail: office@oegvt.at
Internet: www.oegvt.at

Verband der diplomierten
ErgotherapeutInnen Österreichs
Sperrgasse 8–10
1150 Wien
Tel.: 00 43/1/8 95 54 76
Fax: 00 43/1/8 97 43 58
E-Mail: verband@ergotherapie.at
Internet: www.ergotherapie.at

Verband der diplomierten
Logopädinnen
für Wien, Niederösterreich und
Burgenland
Sperrgasse 8–10
1150 Wien
00 43/1/8 92 93 80
E-Mail:
sekretariat@logopaedie-wnb.at
Internet: www.logopaedie-wnb.at

Schweiz

ASTP – Verband Schweizerischer
Psychomotorik-Therapeutinnen
und -Therapeuten
Postfach 539
1870 Monthey 1
Tel.: 00 41/31/3 20 29 24
E-Mail: info@astp.ch
Internet: www.astp.ch

Berufsverband Rhythmik
Schweiz
Muristr. 37
3123 Belp
Tel.: 00 41/31/8 19 96 72
E-Mail: sekretariat@rhythmik.ch
Internet: www.rhythmik.ch

Ergotherapeutinnen-Verband
Schweiz
Postgasse 17
Postfach 686
3000 Bern
E-Mail: evs-ase@ergotherapie.ch
Internet: www.ergotherapie.ch

SAL – Schweizerische Arbeitsge-
meinschaft für Logopädie
Feldeggstr. 69
8008 Zürich
Tel.: 00 41/1/3 88 26 90
Fax: 00 41/1/3 88 26 95
E-Mail: sekr@salogopaedie.ch
Internet: www.salogopaedie.ch

Schweizerische Gesellschaft
für Verhaltens- und Kognitive
Therapie
Hotelgasse 8
Postfach 866
3000 Bern 8
Tel.: 00 41/31/3 11 12 12
E-Mail: info@sgvt-sstcc.ch
Internet: www.sgvt-sst

Schweizerische Vereinigung für
Heilpädagogisches Reiten und
Voltigieren
c/o Vreni Gerber
Zelgstrasse 16
8630 Rüti
Tel.: 00 41/5 52/40 96 30
E-Mail: m.v.gerber@freesurf.ch
Internet: www.sv-hpr.ch

Schweizerische Zentralstelle für
Heilpädagogik
Theaterstrasse 1
6003 Luzern
Tel.: 00 41/41/2 26 30 40
E-Mail: szh@szh.ch
Internet: www.szh.ch

Internet-Adressen

www.adhs.de
Kennzeichen von ADS, Therapie- und Fördermöglichkeiten sowie
Erziehungstipps für betroffene Eltern

www.a-p-p.ch
Schweizerischer Berufsverband für Audio-Psycho-Phonologie

www.barfusspark.info
Die schönsten Barfußparks Deutschlands, Österreichs und der
Schweiz im Überblick

www.bke.de/ratsuchende.htm
Informationen und Adressenverzeichnis der Bundeskonferenz für
Erziehungsberatung e.V.

www.elternforen.de
Community für Eltern und Familien

www.familienhandbuch.de
Online-Handbuch des Staatsinstituts für Frühpädagogik, München,
zu Themen der Kindererziehung, Partnerschaft und Familien-
bildung. Für Eltern, Erzieher, Lehrer und Wissenschaftler

www.ibp-psychomotorik.de
Institut für Bewegungsbildung und Psychomotorik, Gröbenzell; mit
der Internet-Zeitschrift „Forum Psychomotorik"

www.jaegerburg.de
Integrierte Angebote für Familien mit verhaltensauffälligen Kindern

www.jakoo.de
Versandhandel für ausgewählte Kindersachen

www.liga-kind.de
Zusammenschluss von Verbänden und Organisationen mit dem Ziel,
die seelische Gesundheit von Kindern zu fördern und ihre Ent-
wicklungschancen zu verbessern

www.loewenherz.jessenlenz.com
Elterninitiative für Kinder mit Wahrnehmungsproblemen in Eutin
und Umgebung

www.rhythmikon.de
Institut Rhythmikon für rhythmisch-musikalische Erziehung,
München

www.tomatis.de
Tomatis-Institute in Deutschland und Österreich

Verwendete Literatur

Hinweis: Die mit einem ▸ versehenen Titel wenden sich nicht nur an Pädagogen, sondern gleichermaßen oder in erster Linie an Eltern. Sie sind deshalb für diese zum Weiterlesen besonders zu empfehlen.

Ayres, Jean. *Bausteine der kindlichen Entwicklung. Die Bedeutung der Integration der Sinne für die Entwicklung des Kindes.* Springer-Verlag, 2002 (5. Aufl.)

Biermann, Ingrid. *Spiele zur Wahrnehmungsförderung.* Herder, 1999

▸ Blencke, Hans H., Hans G. Dienst und Ilse L. Dienst. *Vom Spielzeug und vom Spielen.* Spiel gut, 1999

▸ Defersdorf, Roswitha. *Ach, so geht das! Wie Eltern Lernstörungen begegnen können.* Herder, 2003 (10. Aufl.)

▸ Defersdorf, Roswitha. *Drück mich mal ganz fest. Geschichte und Therapie eines wahrnehmungsgestörten Kindes.* Herder, 2004 (16. Aufl.)

Fock, Kay-Uwe. *Sich in der Welt zurechtfinden – wie entwickelt sich die kindliche Wahrnehmung?* http://www.familienhandbuch.de/cmain/ f_Aktuelles/a_Kindliche_Entwicklung/s_775.html (12. 2. 2004)

▸ Friedl, Johanna. *Spielend die Sinne entdecken.* Ravensburger, 2001

Hielscher, Andrea. *Wahrnehmungsspiele im Wald für 3–12-Jährige.* Matthias-Grünewald-Verlag, 2001

Hirler, Sabine. *Wahrnehmungsförderung durch Rhythmik und Musik.* Herder, 1999 (4. Aufl.)

▸ Hüther, Gerald, Helmut Bonney. *Neues vom Zappelphilipp. ADS/ ADHS verstehen, vorbeugen und behandeln.* Walter Verlag, 2002

Kiphard, Ernst J. *Dyspraxie – das Problem kindlicher Handlungsstörung.* In: Praxis der Psychomotorik 13/1988, S. 132–142

▸ Kroeber, Ria. *Fühlkiste und Schnüffelleine. Neue Ideen zur Wahrnehmungsförderung.* Herder, 2003

Kunz, Ina. *Ich seh etwas, was du nicht siehst. Spiele zur Wahrnehmungsförderung für Kinder ab 3 Jahren.* Matthias-Grünewald-Verlag, 2002

▸ Kunze, Petra, Catharina Salamander. *Kinder fördern im Alltag.* Gräfe und Unzer, 2002

▸ Langosch-Fabri, Hella. *Alte Kinderspiele neu entdecken. Spiele für drinnen und draußen.* Rowohlt, 2003

Löscher, Wolfgang. *Riech- und Schmeck-Spiele. Sinn-volle Frühpädagogik.* Don Bosco Verlag, 1992 (4. Aufl.)

Nienkerke-Springer, Anke, Wolfgang Beudels. *Komm, wir spielen Sprache. Handbuch zur psychomotorischen Förderung von Sprache und Stimme.* Borgmann, 2001

▸ Pauli, Sabine, Andrea Kisch. *Geschickte Hände, wacher Verstand. Feinmotorik spielerisch entwickeln.* Urania-Ravensburger, 2001

▸ Pauli, Sabine, Andrea Kisch. *Was ist los mit meinem Kind? Bewegungsauffälligkeiten bei Kindern.* Urania-Ravensburger, 2002

▸ Pfluger-Jakob, Maria. *So entwickelt sich mein Kind. Vom Kleinkind bis zum Schulanfang.* Herder, 1998

▸ Pfluger-Jakob, Maria. *Wie unser Kind sich gut entwickelt. Ein praktischer Leitfaden für Eltern.* Herder, 1998

Pfluger-Jakob, Maria. *Wahrnehmungsstörungen bei Kindern. Hinweise und Beobachtungshilfen.* Kindergarten heute spezial, Herder, 2001 (4. Aufl.)

▸ Schmeer, Gisela: *Das sinnliche Kind.* Klett-Cotta, 1996

Seitz, Rudolf (Hrsg.). *Seh-Spiele. Sinn-volle Frühpädagogik.* Don Bosco Verlag, 1985 (2. Aufl.)

Seitz, Rudolf (Hrsg.). *Tast-Spiele. Sinn-volle Frühpädagogik.* Don Bosco Verlag, 1997 (8. Aufl.)

▸ Spallek, Roswitha. *Gesunde Sinne für starke Kinder.* Walter Verlag, 2004

▸ Steininger, Rita. *Wie Kinder richtig sprechen lernen. Sprachförderung – ein Wegweiser für Eltern.* Klett-Cotta, 2004

▸ Thiesen, Peter. *Mit allen Sinnen spielen. Wahrnehmungsförderung in Kindergarten, Grundschule und Familie – über 200 Spielideen.* Beltz, 1997 (2. Aufl.)

Wendlandt, Wolfgang. *Sprachstörungen im Kindesalter. Materialien zur Früherkennung und Beratung.* Thieme, 1992

▸ Zimmer, Renate. *Schafft die Stühle ab! Was Kinder durch Bewegung lernen.* Herder, 1995 (2. Aufl.)

Zimmer, Renate. *Handbuch der Bewegungserziehung. Didaktisch-methodische Grundlagen und Ideen für die Praxis.* Herder, 1996 (7. Aufl.)

Zimmer, Renate. *Handbuch der Sinneswahrnehmung. Grundlagen einer ganzheitlichen Erziehung.* Herder, 1998 (6. Aufl.)

Zimmer, Renate. *Mit allen Sinnen die Welt erfahren.* Herder, 2004

195

Register

Zur Autorin

Rita Steininger hat Ethnologie (M.A.), Politikwissenschaft, Anthropologie und Humangenetik studiert. Heute arbeitet sie als freie Lektorin, Journalistin und Autorin. Zuletzt ist von ihr im Verlag Klett-Cotta erschienen: „Wie Kinder richtig sprechen lernen. Sprachförderung – ein Wegweiser für Eltern." Sie ist Mutter von zwei Kindern.